착각의시학 시끌리오 제18호

한국착각의시학작가회

키보드에서 단내 나다

초대시인 1

김년균 전북 김제 출생. 1972년 이동주 선생 추천으로 등단. 24대 한국문인협회 이사장 역임. 시집 『자연을 생각하며』 『사람을 생각하며』 등 다수. 한국현대시인상, 들소리문학상 대상, 윤병로문학상, 윤동주문학상, 김기림문학상 대상 등 수상.

류병구 전 가천대 교수. 한국외국어대와 성균관대에서 불문학, 유교철학 수학. 『월간문학』 등단. 시집 『당신이 필요하다』 등 4권. 공저 『12인의 성난 시인들』.

박이도 자유신문(59), 한국일보(62) 신춘문예로 등단. 시집 『데자뷔』 『있는 듯 없는 듯』 등.

손필영 서울 출생. 조선일보 신춘 문예 당선. 제1회 아시아 창작 거점 파견시인 (한국문화예술위원회). 국민대학교 교양대학 교수. 계간 『착각의시학』 편집위원. 김기림문학상 대상 수상. 시집 『빛을 기억하라고』 『타이하르 촐로』 『그 바람이 어찌 좋던지』 공저 『詩에게 말 걸기』 외 다수.

신을소 『월간문예』로 시 발표. 총회신학교 교수 역임. 한국기독시인협회, 남양주시협 회장 역임. 현대시협회 이사 역임. 원주문인협회 고문. 제1회 한국기독시문학상 등 다수 수상. 시집 『황금 꽃바구니』 『시인의 안부』 『잊었던 세월 한 자락』 『낯선 풍경』 등. 시선집 『어느 간이역』.

유승우 『현대문학』 등단(1966년, 박목월 추천). 인천대학교 명예교수(현). 한국현대시인협회, 한국기독교문인협회 이사장 역임. 한국문인협회 자문위원(현). 국제펜한국본부고문(현). 경희문학상. 후광문학상. 한국기독교문화예술대상 등 다수 수상. 시집 『달빛연구』 『숲의나라』 『노래와 춤』 등 11권. 저서 『한글시론』. 『몸의 시학』 등 5권. 자서전 『시인 유승우』 출간.

유자효 1968년 신아일보(시), 불교신문(시조)로 작품 활동 시작. 신작 시집 『포옹』, 시선집 『세한도』, 만해문예대상 수상. (사)한국시인협회장.

이옥희 부산 대학교 졸업. 76년 『현대문학』에서 첫 시집 『햇살이 엉켜 흐르듯』(서정주 서문) 출간 등단. 시집 『들판을 서성이는 바람이어라』 외 7권. 수필집 『내안의 영원한 꽃빛』 외 논문 등. 한국여성문학인회 회장 역임. 용산문학인회 회장. 조연현문학상, 펜문학상, 현대시협상, 영랑문학상, 용산예술인상(문학부문) 수상.

김유조 건국대 명예교수(부총장 역임), 국제PEN한국본부 부이사장, 서초문인협회 명예회장, 미국소설학회 헤밍웨이학회 등 회장역임, 계간 여행문화 주간, 장편 빈포사람들 소설집 세종대왕 밀릉 등 다수, 평론집 수필집 다수, 학술원 우수도서상 김태길 수필문학상, 서초문학상, 헤밍웨이 문학상, 상상탐구 문학상 등 수상.

마경덕 2003년 세계일보 신춘문예 시 당선. 시집 『신발론』 『글러브 중독자』 『사물의 입』 『그녀의 외로움은 B형』 『악어의 입속으로 들어가는 밤』. 북한강문학상 대상, 두레문학상, 선경상상인문학상, 모던포엠문학상, 김기림문학상 본상 수상.

백운순 원광대학교 외래교수. 한국문인협회 회원, 군산·전북문인협회 회원. 계간 『착각의시학』 편집자문위원. 김기림문학상 본상 수상. 노산 문학상 수상. 군산대학교 평생교육원(시, 시조, 수필, 창작반) 교수. 공저 『詩에게 말 걸기』 『쉼』 『고독, 한 송이 꽃』 외 다수.

손해일 1978년 『시문학』등단, 시집 『떴다방 까치집』 등 저서 14권. 서울대 대학문학상, 시문학상, 소월문학상, 매천 황현문학대상 등 수상. (전)한국현대시협 이사장, 서초문협 회장, 농협대 교수, 농민신문 편집국장 등. (현)국제PEN한국본부 명예이사장, 한국문협 자문위원 등.

오세영 전남 영광 출생, 전남의 장성과 광주, 전북의 전주에서 성장. 1965-68년 박목월에 의해 『현대문학』지 추천으로 등단. 시집 『바람의 아들들』 『사랑의 저쪽』 등, 시조집 『춘설(春雪)』, 학술서적 『시론』, 『한국현대시분석적 읽기』 등.

유안진 서울대학교 명예교수. 1965년 『현대문학』으로 등단. 『구름의 딸이요 바람의 연인이어라』 『거짓말로 참말하기』 『둥근 세모꼴』 『터무니』 등 18권의 신작 시집과 『지란지교를 꿈꾸며』 등 산문집 다수 상재. 한국시협상 박목월문학상 정지용문학상 등 12개의 시문학상 수상. 현재 대한민국예술원 문학분과 회원.

이무권 『한맥문학』 등단(2003년). 시집 『간절기』 외 5권 시선집 1권, 시와 산문집 1권. 한국기독시인협회장, 원주문인협회 고문.

최창일 1993년 『시와 사람』으로 시를 쓰기 시작. 시집 『시화무』 외 여섯 권. 산문집 『살아있는 동안 꼭 해야 할 101가지』 7년 연속 스테디셀러.

초대시인 1

허형만 1973년 『월간문학』 등단. 시집 『황홀』 『바람칼』 『만났다』 등. 중국어 시집 『許炯万詩賞析』, 일본어 시집 『耳な葬る』. 한국시인협회상, 영랑시문학상, 공초문학상, 김기림문학상 대상 등 수상. 현재 국립목포대학교 명예교수. 한국가톨릭문인협회 이사장.

김경수 1980년 『해변문학』 시작(詩作) 활동. 현, 사)한국시인협회 이사. 계간 『착각의 시학』 발행인 및 주간. 시민예술대학 문예창작반 지도시인 시집 『기수역의 탈선』 외 9권. 평론집 『상상의 결이 청바지를 입다』 외. 한국농민문학상, 한국문협작가상 외 수상.

초대시인 2

강구원 2019년 시집 『오디에 서린 얼굴』 발간. 2019 착각의 시학 주관 제14회 한국창작문학상 수상. 한국신춘문예 시 부문 당선. 계간 『착각의 시학』 시 부문 수상(「안개」, 「솜이불」, 「님의 산수(傘壽)에 올림」). 1972년 8월 한국시인협회(풀과 별 月刊詩誌) 시부문 추천(「별빛 속의 추억」, 「오디에 서린 얼굴」)

고원구 계간 『열린문학』 시 등단. 한국문인협회 회원, 국제펜한국본부 회원. 경북문인협회 회원, 영천문인협회 회원. 계간 『착각의 시학』 편집위원. 시집 『구름 나그네』 『길이 없어도 별은 뜬다』 『시간을 빗으며』 외 다수. 한국창작문학상 수상.

구신자 충남 서천 출생. 고려대학교 원예학과 졸업. 계간 『착각의 시학』 시 등단. 강화문학회 회원, 강화미술협회 회원, 한국착각의시학작가회 회원. 시집 『꽃뱀, 굴을 나오다』 공저 『고독, 한 송이 꽃』 외. 2020년 꽃의 향연 구신자 개인전 (토포하우스,서울) 더리미미술관(강화). 한국창작문학상 수상.

김근성 전북 정읍 출생. 숲 해설가. 계간 『착각의 시학』 시 등단. 한국착각의시학작가회 회원. 백마문학 동인. 시집 『사위질빵 꽃』 『화산』 『돌탑』 공저 『모국어 외상장부』 『쉼』 『고독, 한 송이 꽃』. 대한 충효대상(문학) 수상.

김대용 2017년 계간 『착각의 시학』 시 부문 등단. 전 (사) 중소기업융합 대구경북 연합회장. 현 (사) 대한곡물협회 경북지회장. 수의학박사 경북대학교 수의과대학 겸임교수.

김도희 한국방송통신대학국문과 졸업. 2020년 계간 『착각의 시학』 시 부문 등단. 한국착각의시학작가회 회원, 마포문인협회 회원. '시와 삶' 동인. 시집 『슬픔을 모아 불 지펴요』 공저 『고독, 한 송이 꽃』

김명실 본명 김명숙. 공주교대, 단국대대학원 국어교육과 졸업. 1992년 월간 『한국시』 시 부문 등단. 한국문인 협회 회원, 해평시 동인. 상황문학회 동인. 시집 『꿈꾸기』.

권수홍 계간 『시와 시론』 시 등단. (사)한국문인협회 회원, (사)국제펜한국본부회원, (사)한국미술협회 회원, (사)강화미협회원, 강화여류작가회원. 농민문학 시부문 수상(2004), 경향미술제 입선(2012). 저서: 『바람의 노래』 『네가 머무는 곳애 내가 있지』 『거울 속 낯선 여자』 외 동인지 다수 발표.

초대수필가 1

이성림 『문예사조』 수필 등단. 강단비평가. 명지대학 명예교수. 한국신문학인협회 및 한국문인협회 은평지부 고문. 숙대문인회 회장. 『한국문학과 규훈 연구』 『마음으로 마음 만나기』 등 출간.

강명숙 『한국시학』 등단. 계간 『계간시원』 편집국장. 한국문인협회, 한국시인협회, 한국근로자문화예술인협회, 청송시인회 회원. (사)한국통일문인협회 사무국장 역임. 시집 『은유의 집 짓다』 『높이를 잘라내다』 외, 공저 『바람에게 길을 묻지마오』 외 다수. 춘우문학상, 한국시원시문학상 수상.

고은주 2015년 월간 『문학세계』 등단. 한국시인협회, 한국문인협회, 전북문인협회, 전주문인협회 회원. 『착각의시학』, 『미당문학』 회원. 제2회 詩끌리오 작가상, 제2회 베이비박스 문학상 수상.

권아올 본명 권중화. 계간 『문학과 현실』 시 등단. 한국착각의시학작가회 기획위원. 공저 『詩, 길을 묻다』 『꽃으로 오너라, 사랑으로 오너라』 『詩가 아프다고 말할 때』 『詩, 물구나무서기』 『詩와 時사이』 『詩끌리오』 『모국어 외상장부』 『고독, 한 송이 꽃』 외 다수.

김기성 2012년 『한맥문학』 시 부분 등단. 사) 한국 문인협회 정읍지부회원. 정읍 내장 문학동인. 현대문학 사조 문인협회 회원. 대한 해석회 회장. 동인지 『사람의 가슴에 시를 쓰려다』공저 『고독, 한 송이 꽃』 외. 시집 『고독, 그 여정의 끝』 『나를 갖고 싶으면 가지세요』. 詩끌리오 한국작가상(제5회) 수상.

김도남 본명 김갑승. 전남 장흥 출생. 계간 『착각의 시학』 시 등단. 한국문인협회 회원, 장흥 별곡문학 회원. 한국착각의시학작가회 간사. 을지로 시동인. 공저 『詩 물구나무서기』 『詩와 時 사이』 『詩끌리오』 『모국어 외상장부』 『고독, 한 송이 꽃』. 동인시집 『빈 젖, 그 비탈진 그리움』 『그 숲에서 향기를 듣다』.

김두녀 1994년 『해평시』 「바다가 불렀다」 외 9편 상재 작품 활동. 한국작가회의 고양지부장 역임. 상황문학 회장 역임. 한국시인협회 회원. 서울시인상, 경기도문학상 본상, 김기림문학상 본상 수상. 시집 『여자가 씨를 뿌린다』 『삐비꽃이 비상한다』 『꽃에게 묻다』 『빛의 정釘에 맞다』 외 공저 다수.

초대시인 2

김무영 1982년 『거제문학』 태동과 함께 문단 활동. 거제문인협회·거제시청문학회 회장 역임. 계간 『착각의 시학』 편집위원, 한국착각의시학작가회 경남 지역 회장. 한국창작가곡협회 회원. 한국바다문학상, 거제예술상 외 수상. 시집 『그림자 戀書』. 작품집 『황칠』.

김석림 충남 당진 출생. 1997년 계간 『믿음의 문학』 등단. 시집 『어둠 후에 빛은 오리라』 공저 『한길을 가는 사람들』 『고독, 한 송이 꽃』 외. 한국문인협회. 한국 기독교문인협회 상임이사. 한국착각의 시학작가회 이사. 한빛교회 설교목사. 제4회 詩끌리오한국작가상 수상.

김영미 2003년 『문예사조』 시 등단. 2009년 시집 『지렁이는 밟히면 마비된 과거를 잘라버린다』 외 공저 다수. '詩끌리오' 작가상, 『문예계간』 시와 수상문학 문학상 및 예술공로상 다수. 경기 광주 문인협회 9대 지부장 역임. 착각의시학작가회 이사.

김종권 충북 청주 출생. 계간 『착각의 시학』 시 등단. 한국착각의시학작가회 회원. 시와 등산, 사진과 더불어 세상을 여행 중. 공저 『詩, 길을 묻다』 『詩가 아프다고 말할 때』 『詩에게 말 걸기』 『詩, 물구나무서기』 『詩와 詩 사이』 『고독, 한 송이 꽃』 외.

김행숙 파주 출생. 1995년 『시문학』으로 등단. 시집 『멀고 먼 숲』 외 5권. 시선집 『우리들의 봄날』 영역시집 『As a lamp is lit』 외, 수필집 『바다로 가는 길』. 김기림문학상, 한국기독교문학상, 이화문학상, 아름다운 문학상 수상. 한국문협건립위원, 한국현대시인협회이사, 한국여성문학인회이사, 한국기독교문인협회부회장, 이대동창문인회 부회장.

김화영 재미 시인·수필가. 『대한문학세계』 시 등단. 계간 『착각의 시학』 수필 등단. 한국 착각의시학작가회 회원, 공저 『시가 아프다고 말할 때』 『시에게 말 걸기』 『詩와 時 사이』 『詩끌리오』 『모국어 외상장부』 『쉼,』 『活語』 『고독, 한 송이 꽃』 외.

문용식 전북 익산 출생. 『착각의 시학』 시 등단. 익산문인협회, 한국착각의시학작가회 회원. 공저 『詩끌리오』 『모국어 외상장부』 『쉼,』 『活語』 『고독, 한 송이 꽃』.

박강남 1995년 『한맥문학』 신인상으로 등단. 시집 『바람 없이도 흩날리는 꽃잎』(2020. 시문학사) 외 4권. 영랑문학상 본상 수상(2013), 농민문학 작가상 수상(2021). 2022, 2023, 서울시 지하철시 공모전 당선. 한국현대시인협회 이사. 글핀샘문학 회장 역임.

김미순 1987년 『문학과 의식』 등단. 현) (사)부산시인협회 이사장, 국제PEN한국본부 이사, 한국현대시인협회 이사. 부산문학상 본상, (사)부산시인협회상 본상, 한국해양문학상 최우수상 수상 등. 시집 『바람, 침묵의 감각』 『선인장가시, 그 붉은 꿈』 『바람, 소금 한 톨 품어오듯』 등 11권.

김수노기 경기도 양주 출생. 한국문인협회, 동두천문인협회, 한국착각의시학작가 회원. 공저 『活語』 『고독, 한 송이 꽃』 외 다수. 제4회 詩끌리오 한국작품상 수상.

김유빈 경기도 화성 출생. 이화여대 졸업. 2014 계간 『다층』 등단. 착각의시학작가회 회원. 시집 『책이라는 구석』.

김철규 군산문협 회장 역임. 전북문협 이사. 한국문협 회원. 전북시인협회 상임이사. 바다문학상, 하림예술상, 문채문학상, 한국수필문학상. 청암문학상 제정 이사장. 시집 『들바람 날바람』 외 다수.

김현찬 1993년 『시 2001』 시 등단, 『현대수필』 수필 등단. 한국 문인협회 회원. 국제펜한국본부 위원. 수필 작가회 회원, 착각의 시학 회원. 『현대 수필』 운영이사. 시집 『수줍은 자화상』 수필집 『삶의 정원을 거닐며』

남금희 『문학세계』(1996) 등단, 〈기독공보〉 신춘문예(2000) 시 당선. 대구문화재단 창작기금 수혜(2020). 『창조문예』 주최 아름다운 문학상, 기독시문학 작품상 등 수상. 시집 『구름의 박물관』 (2020, 만인사) 외 3권.

민이숙 계간 『착각의 시학』 시 등단. 한국문인협회 회원. 동두천문인협회 총무. 한국착각의시학작가회 회원. 공저 『쉼,』 『活語』 『고독, 한 송이 꽃』 외.

박두련 경남 사천 출생. 『시대문학』 시 등단(1999). 한국착각의시학작가회 회원. 작품 「여울」 외 다수. 공저 『詩가 아프다고 말할 때』 『詩에게 말 걸기』 『詩, 물구나무서기』 『詩와 時 사이』 『詩끌리오』 『모국어 외상장부』 『쉼,』 『活語』 『고독, 한 송이 꽃』 외 다수.

초대시인 2

박순미 율동시회 회원. 2021년 계간 『착각의 시학』 가을호 시 부문 등단. 한국착각의시학작가회 회원. 문해교원.

박우민 계간 『미래시학』 신인상, 계간 『여행문화』 수필 등단. 재영한인문인회장, 재영한인여성회회장. 국제PEN한국본부 회원, 한국문인협회 회원, 현대작가 회원. 시집 『바람이 그립다』.

박후자 1996년 『문예한국』 등단. 한국시인협회 회원, 한국문인협회 회원, 이대동창문인회, 청시, 백합문인회 회원.

서동안 전북 장수 출생. 월간 『문예사조』 시 등단. 시와 공간, 윤시, 김삿갓 시인대회 운영위원. 동강문학회, 진안문학, 장수문학 문학청춘, 착각의 시학, 문예사조 동인. 월간 『문예사조』 최우수상(2013) 외 다수. 시집 『꽃의 인사법』 동인지 『동강에 뜨는 별법』 외 다수. 현재 월간문예사조 詩 연재 중.

신이 이은경 아호 신이. 사) 한국문인협회 회원. 동두천문인협회 편집장. 『한울문학』 시 부문 신인문학상, 『착각의 시학』 수필 부문 신인문학상, 제38회 경기여성 기예 수필 부문 입상 수상. 독서심리상담사, 스토리텔러. 시집 『1시 15분』.

심명숙 아호 청휘. 시인, 여행작가. 시집 『가끔, 흔들리고 싶을 때면』 외 2권. 계간 『현대작가』, 『여행문화』 편집국장.

양회올 계간 『신문예』 시 등단. 한국문인협회, 한국현대시인협회 회원. 한국착각의시학작가회 회원. 공저 『詩, 길을 묻다』 『詩가 아프다고 말할 때』 『詩에게 말 걸기』 『詩, 물구나무서기』 『詩와 時 사이』 『詩끌리오』 『모국어 외상장부』 『活語』 『고독, 한 송이 꽃』 외 다수.

원연희 서울 출생. 성신여대 미대 졸업. 계간 『문학과 현실』 시 등단. 착각의시학 회원, 모던포엠 작가회 회원. 사인사색 동인, 방촌문학 동인. 동인시집 『별은 잠들지 않는다』 등. 공저 『詩끌리오』 『모국어 외상장부』 『活語』 『고독, 한 송이 꽃』 외. 제3회 시끌리오 한국 작품상 수상.

유나영 전북 익산 출생. 월간 『한국시』 시, 『현대문학사조』 시조 등단. 한국문인협회 회원, 익산문인협회 회원. 한국착각의시학작가회 회원. 봉황문학 동인. 시집 『풀섶에 앉은 이슬』 『마실 가는 길』 『겨울 밭에서 낚는 꿈』 『풀 각시야』 『그 겨울의 노래』 외 다수. 시조집 『낮달의 여행』 외. 공저 『고독, 한 송이 꽃』 외 다수. 한국창작문학상 본상 수상.

박용진 2019 『시와반시』 소시집 작품 활동 시작. 2022 『대구문학』 평론 등단. 시집 『파란꽃이 피었습니다』. 제5회 詩끌리오 한국작품상 수상.

박홍균 서울 출생. 계간 『착각의 시학』 시 등단. 한국착각의시학작가회 회원. 공저 『時가 아프다고 말할 때』 『詩, 물구나무서기』 『詩와 時 사이』 『詩끌리오』 『모국어 외상장부』 『쉼,』 『活語』 외. 2017년 착각의 시학 특별상 수상. 시집 『여백의 길』.

방지원 1999년 『문예한국』 등단. 시집 『한고슴도치의사랑』 『비단슬리퍼』 『달에서춤을』 『짝사랑은아닌가봐』 『치즈가녹기시작하는온도』 『왼쪽귀에바닷소리가산다』. 시선집 『사막의혀』. 제3회 김기림문학상 대상. 제4회 계간문예문학상 수상. 국제펜한국본부 이사, 한국문인협회 이사 역임. 한국시인협회 이사, 한국가톨릭문인협회 이사, 숙명여대문학인회 회원.

송승태 『착각의 시학』 시, 『아동문예』 동시 등단. 저서 『푸념 끝에 희망』 『책 보러 왔어요』 『별난 세상 별난 이야기』 외.

신재미 2004 『문학공간』 등단. 국제PEN한국본부 이사. 한국문인협회 회원. 옛정시인회 2대 회장 역임. 저서 『춘당지의 봄』 『사랑은 희망의 날개』. 세종문학상, 샘문뉴스 2023 신춘문예 대상 외 수상.

안재덕 거제대학교 사회복지학과 졸업. 방송통신대학교 청소년교육학과 졸업. 서울사이버대학교 졸업. 2021년 계간 『착각의시학』 신인상. 2021년 시집 『땅따먹기』. 공저 『活語』 『고독, 한 송이 꽃』.

오현정 숙명여대 불문과 졸업. 1989년『현대문학』2 회 추천완료 등단. 시집 『지금이 가장 좋은 때』 『라데츠키의 팔짱을 끼고』 『몽상가의 턱』 외 다수. 동시집 『리나, 고마워』. 한국문협작가상, PEN문학상, 애지문학상, 숙명문학상, 김기림문학상대상, 한국문학비평가협회상 등 수상. 국제PEN한국본부, 현대시인협회, 한국시인협회 이사. 한국여성문학인회 부이사장. 한국문학비평가협회 부회장 역임.

위형윤 안양대학교 명예교수. 독일튀빙겐대학교 신학박사. 착각의 시학, 한국문인협회, 사)한국시인협회, 시섬문인협회, 광명문인협회, 한국공무원문인협회 회원. 저서 『기도로 쓴 시편』 『나는 늘 집으로 간다』. 한국기독교학회 소망학술상, Best Researcher Award, 대한민국교육문학 대상, 공무원문학 문학상 수상.

착각의 시학 시끌리오 제18호 참여 작가(가나다순)

초대시인 2

이늦닢 계간 『문예운동』 시 등단. 중앙대학교 예술대학원 문예창작과. 사)한국시인협회, 사)한국문인협회 회원. 계간 『착각의 시학』 편집국장. 제3회 한국창작문학상 대상 수상. 시집 『날탱이 보고서』 공저 『모국어 외상장부』 『쉼,』 『話語』 『고독, 한 송이 꽃』 외 다수.

이미라 월간 『문학세계』 시 등단(1998년). 동두천문인협회 회장 역임. 한국시인협회 회원, 한국문인협회 회원. 동두천문화원 부원장. 한국착각의시학작가회 이사. 제3회 춘우문학상 대상 수상. 산문집 『The Way』 시집 『봄날의 반란』 『茶 이야기』 외 다수.

이병연 공주 출생. 공주사범대학 국어교육과 졸업. 2001년 공주대 문학석사. 계간 『시세계』 시 등단(2016년). 2021년 한국창작문학상 대상 수상. 시집 『꽃이 보이는 날』, 『적막은 새로운 길을 낸다』, 『바위를 낚다』.

이복자 국제펜한국본부 이사, 한국문인협회 평생교육위원. 강남시문학회, 착각의 시학, 한국아동문학인협회 이사 외. 김기림문학상, 교단문학상, 한정동아동문학상 수상 외. 시집 『피에로의 반나절』 외 7권, 동시집 『삐딱한 윙크』 외 6권.

이상미 2018년 '고양작가회의'의 『작가연대』에 동화 발표로 문학활동 시작. 2020년 계간 『착각의 시학』 가을호 시 부문 등단. 화정시회 회원, 착각의 시학 회원, 상황문학 회원. 〈花井詩會〉의 동인지 『꽃우물詩우물』 1집과 2집 공저. 전자책 저서 『bg artist 이상미의 배경화로 보는 애니메이션 세계』

이상복 강화 출생. 강화군 지역농협 전무 역임. 현) 농업인. 2023년 『착각의 시학』 시 등단.

이세규 2004년 시인 등단, 漢詩人. 시집 『시간의 이랑을 넘는 햇살』, 『건물 벽면 동그라미의 이야기』 외. 공무원문학상 수상, 전국 문학인대회 집행위원, 한국한자한문교육학회 이사, 한·중·일 한자심의위원, 예장회(藝長會) 회장 역임. 별곡문학회, 용산문학회 회원. 가락 역사 심의위원, 한국고서연구회 감사, 한국공무원문인협회 명예회장.

이순옥 2004년 월간 『모던포엠』 시 등단. 한국문인협회 회원, 착각의 시학 회원, 경기 광주문인협회 회원, 한국신문예 회원. 현대문학사조 부회장. 제1회 매헌문학상 본상, 제12회 모던포엠 문학상 대상, 제15회 착각의시학 한국창작문학상 대상, 2021년 샘문 한용운문학상 계관부문 우수상 수상. 저서 『월영가』 『하월가』 『상월가』. 공저 다수. 한국 시 대사전 수록.

이순희 2002년 『심상』 등단. 가곡 독집 『어디로 가는 가』(2010)와 『아무島』(2021). 「그냥」, 「산 그림자」, 「하늘을 보고 있으면」 등 다수의 시를 가곡으로 발표. 창작 의병가 『의병, 겨레의 횃불이여』, 시집 『꽃보다 잎으로 남아』. 동국문학상. 애지문학상. 한국 창작 문학상 대상 수상.

이애진 서울 마포 출생. 2000년 『문학시대』 등단. 한국문인협회, 한국시인협회, 문학의집서울 회원. 한국 가톨릭 문인회 감사. 시집 『꽃이어서 행복해라』. 공저 『오늘처럼 비가 내리면』 외 다수. 전국 지역신문 연합회 문화예술 대상, 중구신문 문학상 수상.

이연홍 경북 안동 출생. 은평시립복지관에서 13년 문학수업. 2022년 『착각의 시학』 시 등단. 시집 『단추』.

이인헌 전북 고창 출생. 원광대학교 대학원 졸업. 전 전주대학교 외래교수. 2019년 『착각의 시학』 시 등단. 도예가.

이정님 한국기독교시인협회, 전국공무원 문인협회, 상록수문학회 이사. 서울교원문학회 지도위원, 문학방송 운영위원, 아동문학세상 중앙위원, 인천복지방송 문화국장, 실버넷뉴스 기자. 항일민족시인문학상(이상화 부문), 한국전쟁문학상(소설) 김기림문학상 수상 외. 『토닥토닥』 『별을 닦는 아이들』 외 다수.

이정수 서울 출생. 2020년 『문학과의식』 시 부문 등단. 2021년 『월간시』 추천 시인상 당선. 목동교회 목사.

이종영 월간 『문학공간』 시 등단. 한국문인협회 회원. 한국착각의시학 작가회 회원. 시집 『붉은 사과는 열리지 않았다』 『물꽃』 『들꽃 같은 사람』 『아홉고랑』 외. 공저 『모국어 외상장부』 『쉼,』 『話語』 『고독, 한 송이 꽃』 외. 한하운 문학상, 황희 문학상, 푸쉬킨 문학상, 시끌리오 한국 작가상 외 수상.

이창환 충남 아산 출생. 동두천 시민예술대학 문예창작 수강. 2022년 『착각의 시학』 시 등단. 동두천문인협회 회원. 광진구 전국 시 낭송대회 동상, 동두천 시민 시 낭송 대회 대상 수상.

이현원 2013년 월간 『문예사조』 시 부문 신인상 수상. 2015년 월간 『한국수필』 수필 부문 신인상 수상. 한국문인협회 회원, 한국현대시인협회 회원, 한국수필가협회 회원, 미국 워싱턴문인회 회원. 청솟골문학회 회장. 문예사조문학상 수상. 시집 『그림자 따라가기』.

장문영 『한국문인』시 등단. 시집 『가을 편지』 『숲속의 푸른 언어』 『소금의 눈』. 공저 다수. 문학공간상 본상, 동두천 문학상, 김기림 문학상 본상 수상. 현)한국문인협회 정화위원, 국제펜한국본부 이사. 한국시인연대부회장 역임. 한국문화예술연대 이사. 계간 착각의시학 편집 고문.

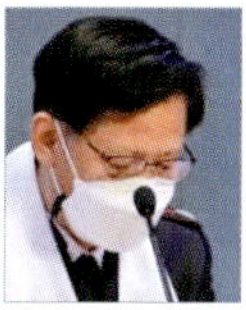

장재흥 논산 출생. 계간 『착각의 시학』 시 등단. 한국착각의시학작가회 회원. 시집 『사람을 합치면』 『별을 쫓는 목동』. 공저 『모국어 외상장부』 『쉼,』 『活語』 『고독, 한 송이 꽃』 외 다수.

정순 월간 『조선문학』 시 부문, 『수필문학』 수필 부문 등단. 한국시인협회회원,한국문인협회 회원. 조선문학 작가상, 최남선 문학상 수상.

조경순 1950년 대구 출생. 체신청 공무원 역임. 중앙일보 광고 기획 차장. 현 광고 기획 Freelancer. 한국문인협회 동두천 지부 회원. 사)한국예술인총연합회 동두천지부장, 사)한국문인협회 동두천지부장 표창. 2020년 『착각의 시학』 수필 등단. 착각의 시학 작가회 회원. 수필집 『아침을 여는 나팔꽃』.

조은설 2013년 계간 『미네르바』 시 등단. 한국방송통신대학 국문학과 졸업.한국일보 여성 생활수기 당선. 『월간문학』 동화 등단. 아르코 문예기금 수혜. 한국아동문학회 작품상 수상, 월간문학 작품상(동화) 수상. 시집 『거울뉴런』 외 3권, 풀꽃아동문학회 회장. 미네르바 이사.

최수경 『해동문학』 시 등단(1996). 한국문협 동두천지부회장 역임, 현 한국문인협회동두천지부 고문. 계간 『착각의시학』 편집자문위원. 시집 『잔디 깎는 남자』 『멀어지는 풍경』 『긍정을 걸었다』 외 다수. 산문집 『정다운 마음』. 경기문학 우수상, 한국창작문학상 대상, 춘우 문학상 대상 외 수상.

한명숙 2003년 월간 『수필과 비평』 수필, 2007년 계간 『문예운동』 시 등단. 한국문협, 군포문협, 동서문학, 착각의시학작가회 회원. 2003년 시흥문학상(시) 금상, 2014년 한올문학상(시) 우수상. 수필집 『남자의 눈물은 뜨거웠다』 시집 『붕어빵아줌마』 『담쟁이 손』 『그랬으면 좋겠네』 『오래된 통장』 등.

해솔 전북 장수 출생. 계간 『착각의 시학』 시 등단. 시 창작 아카데미 수강. 한국착각의시학작가회 회원. 을지로 시동인. 동인시집 『빈 젖, 그 비탈진 그리움』 『그 숲에서 향기를 듣다』. 공저 『詩끌리오』 『모국어 외상장부』 『쉼』 『고독, 한 송이 꽃』 외.

임문혁 1983년 『한국일보』 신춘문예 시 당선. 시집 『외딴 별에서』 『이 땅에 집 한 채 …』 『귀·눈·입·코』 『반가운 엽서』 『웃는 나무』 등. 한국현대시인상, 시와함께 작품상 등 수상.

장수현 충남 연기군 출생. 월간 『신문예』 등단. 사)한국문인협회 감사. 한국착각의시학작가회 감사. 제27회 예총예술문화상(문학), 제2회 전국 무궁화문학상 공모전 금상(산림청장), 방촌문학상 수상. 공저 『새벽달은 별을 품고』 『詩와 時 사이』 『詩끌리오』 『모국어 외상장부』 『쉼,』 『活語』 『고독, 한 송이 꽃』 외 다수.

전순선 2005년 월간 『문예사조』 시 등단. 한국문인협회 문학생활화 위원. 착각의시학작가회 이사. 한국시인협회 회원, 현대시인협회 회원. 동두천문인협회 부지부장 역임. 경기문협(지회) 저작권옹호위원장. 시집 『별똥별 마을』 『풀잎의 등』 『직립의 울음소리』 『바람의 둥지를 찾아』. 제5회 춘우문학상, 백교문학상, 아태문학작품상 수상.

정해현 월간 『한국시』 등단. 한국문인협회 회원. 한국착각의시학작가회 사무국장. 공저 『詩에게 말걸기』 『詩, 물구나무서기』 『詩와 時 사이』 『詩끌리오』 『모국어 외상장부』 『고독, 한 송이 꽃』 외 다수. 제3회 시끌리오 한국 작가상 수상.

조경화 필명 다연. 서울 출생. 2008년 월간 『문학저널』 시 등단. 한국문인협회회원. 국제펜한국본부, 경기시인협회 이사, 양평예총이사. 양평문인협회시분과회장. 시원사운영위원. 청송시인회 회장 역임. 시집 『봄 눈 녹듯』 『이승 계산은 엉터리다』 외. 대한민국불후명작상, 소나기마을황순원문학상, 경기시인상, 경기예총대상, 한국창작문학상대상 외 수상.

최명숙 아호 청리. 2019년 계간 『착각의 시학』 시 등단. 화정시회 회원, 상황문학 회원. 한국착각의시학작가 간사. 단무도 강사. 시집 『동백의 뜰에서』.

최수일 2019년 『문학비평』 신인 우수상 수상. 2021년 제18회 풀잎문학상 시부문 대상. 제3회 한국힐링문학상 수상. 호서대학교 교수 역임(경영학박사). 코오롱글로벌(주) 전무 역임.

한봉수 전주고, 외대이태리어과 졸업. 계간 『착각의 시학』 시, 문학평론 등단. 한국문인협회회원, 한국착각의시학작가회원. 시집 『날더러 숲처럼 살라하네』. 강동구 [시로 꿈꾸는 마을] 대표.

착각의 시학 시끌리오 제18호 참여 작가(가나다순)

초대시인 2

허가은 본명 허영남. 강원 홍천 출생. 계간 『착각의 시학』 시 등단. 한국착각의시학작가회 회원. 시집 『일어나』. 동인지 『우리는 희미한 것을 가지고 있다』. 공저 『쉼,』 『活語』 『고독, 한 송이 꽃』 외.

초대수필가 2

김낙완 전주성심여고 교장 퇴임. 계간 『착각의 시학』 시 등단(2018). 『월간문학』 수필 등단(2022) 백마문학회 동인. 공저 『고독, 한 송이 꽃』 외. 시집 『그루터기의 꿈』. 문집 『김씨네 조손 만두계록』. 서간집 『그루터기 서간집』. 수필집 『바람떡』.

김 우 2002년 『公務員文學』으로 시와 수필로 등단. 칼럼니스트. 현재 사단법인 자행회(慈行會) 회장 및 한국공무원문인협회 회장. 수필집 『천천히』. 시집 『조선의 하얀 박꽃』 등.

박용래 전북대학교 경영대학원 졸업. 2022년 『착각의 시학』 시 부문 등단. 백마문학회 동인.

반윤희 수필가·시인·서양화가. 칼럼니스트. 한국문인협회, 국제PEN 한국본부회원. 전, 중랑 작가회 대표 역임. 현 남양주시인협회 자문위원. 제2회 K-SKAF 아트페어 추천작가 전시(예술의 전당) 한국NGO신문, 노년신문, 남양주 명품타임즈, 객원기자. 수필집 『타이밍을 못 맞추는 여자』 『내 인생의 앙상블(詩畵集)』 칼럼집 『꿈을 향한 열정의 여로』 외.

이율녀 2022년 계간 『착각의 시학』 시 등단. 강화 여류작가회원.

이종필 경기 이천 출생. 계간 『착각의 시학』 수필 등단. 착각의 시학 작가회 회원. 공저 『모국어 외상장부』 『쉼,』 『活語』 외.

차혜숙 국제PEN한국본부 이사, 계간 문예작가회 이사. 한국문인협회 회원. 수필집 『무무무』 『주머니 속의 기(氣) 행운을 가져온다』 『복기생』 『그래도 사랑하는 사람들 (공저)』 송강 정철 추모백일장(장려상. 한글학회 주최 시 부문) 한맥문학상(수필). 불교문학상. 작가상(본상). 서포 김만중(대상). 상상탐구(작가상) 수상.

초대평론

이정미 서울 출생. 중앙대학교 국어국문학과 졸업. 동대학원 박사과정 수료. 『월간문학』 평론부문 등단. 계간 『착각의 시학』 부주간. 한국작가회의 부천지부. 부천소설가협회원. 한국창작문학상 대상 수상(평론). 저서 『글쓰기의 시작은 자서전 쓰기에서』 공저 『모국어 외상장부』 『쉼,』 『活語』 『고독, 한 송이 꽃』 외.

현미정 『월간문학』 등단(2006). 한국문인협회 회원. 열린시 서울 자문위원. 불교문학 부회장. 불교문학 대상, 순수문학상 수상. 시집 『밀어》. 동화집 『썬그라스를 쓴 두더지와 한강제비』. 공저 『詩끌리오』 『모국어 외상장부』 『쉼,』 『活語』 『고독, 한 송이 꽃』 외.

김다솔 1993년 『문예한국』 수필 등단, 2002년 월간 『문학공간』 시 등단. 제16회 부산시인협회 우수상 수상, 제8회 한국바다문학 작가상, 제22회 부산문인협회 부산문학상 대상, 착각의 시학 제1회 시끌리오 한국작가상. 통영문인협회 회장, 한국문협 회원. 시집 『궁항리바다』 외 다수의 작품집.

김정자 『글의 세계』 수필 등단(2016). 글의 세계 회원. 청담수필 동인 활동. 편지쓰기 대회 우수상 (2016).

박현주 2017년 『문학시대』 수필 등단. 한국문인협회 회원, 문학시대수필가회 회원, 한국착각의 시학 작가회 회원. 청담수필 동인 활동. 제16회 한국창작문학상 본상 수상(2021년). 수필집 『공작새 날다』 『빡작가의 하루』. 찬양시집 『그 한 말씀』. 칼림바 강사.

이상은 서울 출생. 현재 강화 거주. 2023년 계간 『착각의 시학』 수필 등단.

이은용 2022년 계간 『착각의 시학』 수필 등단. 한국착각의시학작가회 회원. 한국문인협회 회원. 사)한국문인협회 강화지부 회원.

조영자 강원도 홍천 출생. 격월간 『에세이스트』 수필 등단. 한국문인협회회원. 문학신문 문인회 이사. 에세이스트 문인회 이사. SGI 문학부 기획위원.

최정옥 대전 출생. 2017년 『현대계간문학』 시, 2020년 『현대계간문학』 수필 등단. 시인, 수필가, 시낭송가, 동화구연가. 한국동화구연지도사협회 자문위원. 서울양천문협이사. 저서 『개척자의 삶』(E북), 『엄마의 화상』(E북) 외.

“키보드에서 단내 나다”

김경수 / 계간 착각의 시학 대표

오늘은 마지막 잎새가 떨어지기 직전인 끝자락에 와 있다는 느낌이 와락 다가온다.

지구의 온난화를 비롯하여 엘니뇨 현상으로 지구의 빙하가 녹아내리고 지구촌 여기저기서 아름다운 생명이 위협받고 있다. 오 헨리의 작품에 담긴 이야기처럼 세상을 놀라게 하고 사람의 생각과는 동떨어지는 일들이 끊임없이 일어나 우리를 놀라게 하고 있다.

이렇게 아이러니로 가득 찼던 한 해도 치열했던 삶도 이제 저물어 가고 있다.

올해도 여전히 억새 향연이 가을을 노래하는 상암동 하늘공원을 찾았다.

코로나를 완전하게 던져버린 모두의 마음에서 새로움에 대한 도전과 희망들이 하늘 높이 솟아오르고 있음은 우리들의 삶의 방향들이 항상 ‘혹시’가 ‘역시’가 되고 ‘역시’가 ‘혹시’가 되풀이되는 희망과 실망, 그리고 미련을 버리지 못하는 인간의 욕심 같은 것을 볼 수 있다.

20세기 미국의 시인 로버트 프로스트는 ‘무엇인가 마음 뭉클하고 목구멍에 뜨거운 느낌이 치밀 때'면 시를 쓴다고 했다. 미국의 여류시인 에밀리 디킨슨은 '머리 전체가 폭발해 나간 것 같은 느낌일 때' 글을 쓴다고 했다.

이는 욕심과 위선 같은 껍데기를 벗고 가장 편안하고 안정적이고 순수의 마음이 될 때 글이 더 잘 써진다는 뜻으로 받아들여진다.

이러한 시간에 우리 문인들은 키보드를 조용히 그리고 살며시 누른다. 키보드를 누르는 순간순간은 정말로 고뇌와 고독과 온 우주를 사로잡는 찰나의 동사가 만들어진다.

그래서 금년도 '詩끌리오' 제18호 사화집은 《키보드에서 단내 나다》의 제목을 가져왔다. 키보드에서 나는 단내는 작가의 영혼이 내재한 아주 견고하면서도 글자 자체가 가지고 있는 어떤 의미의 속박에서 벗어나게 하여 글자를 해방하는 향기일 것이다.

우리들의 삶은 끊임없이 체험을 먹고 그것을 토해내는 과정이다.

제18호 '詩끌리오' 사화집에 마음을 얹은 모든 분께 착각의 시학은 언제나 힘차게 응원해 드릴 것이다.

2023년 18년의 세월에도 기꺼이 아름다움으로 함께 해주신 115인의 원로 문인에서부터 우리 착각의 시학 작가님께 깊은 감사 말씀을 드린다.

詩끌리오는 문학文學이 일상이 되고 삶이 시詩가 되는 그날까지 함께 합니다.

2023. 11

백두대간 모친의 거처에서-

목차_

초대시 2_

초대시 2_

목차_

詩

초대시 1

김년균

시골

오래전 시골서 올라오신 어머니는
그곳서 정든 때문인지 모두가 시골이다
마음도 몸도 행동이나 차림새도 그리고 걸음걸이까지도
시골이다 오로지 시골이다
마음은 언제나 물이 흐르고 고목 진 몸에선 순이 돋고
행동이나 차림새도 텃밭의 채소처럼 수줍고 정갈하다
산 너머 바람이 힘겹게 지나는 밭이랑처럼 걸음걸이도
구불구불 이채롭다
시골서 한평생 정 두고 살면서 품 안에 거느린 온갖 것들이
이곳에 다 옮겨와 있다
볏집에 둘러싸인 훈훈한 초가집도 울타리 아래 오순도순한
봉선화도 호박꽃도 마음을 씻어주던 냇가도 우물터도
뒷동산의 푸른 하늘도 어머니에겐 항상 함께 있다
무명옷에 땀 절인 시골 생활이 등허리가 휘도록
고된 일들이 훨씬 더 좋은지
오래전 시골서 올라오신 어머니는
아직도 시골이다 모두가 시골이다

낙엽 분별

가령
가을 가도에 수북이 쌓이게 되는
집합적 역할이나
넉넉히 궁그는 미학으로 보자면

키 높은 가문비나무에서 사철 청청이다가
몰래 솔솔 흘러내리는 실낱같은 낙엽이나
사철 편백나무의 인색한 부스러기 고엽 보단

흔한 활엽수에 지천으로 매달려서
한 여름 햇살받이의 역량 다하며
또 벌레에게도 몸의 일부는 떼어 주고
거미줄에도 모른 척 시달리다가
가을바람 거스르지 않고
마른 몸매 그대로 툭 떨어지는
핍진한 잔해들이
더 장엄하지 않으랴

어제 서늘한 저녁 나무 등걸에
할 일 거진 끝내고 둘러앉은
늦가을의 주름 잡힌 얼굴들

초대시 1

류병구

뒷가을

남한산성
새오고개길

때 이른 입동 추위에 고개 떨군
상수리나무 잎새가
허공을 긁으며 추락했다

유영하듯 나부끼는
야생의 흐트러진 가락

실성하여
울다가
웃다가
산길에 머리 박고 끝내 자진한

너는

낮은 이별가 한 자락
내 귓가에 걸어두고 간
낙엽이었다

쓸만한 여름

쪼글쪼글 말라 싹을 틔운 감자 같았다

결제하지 못한 하루하루를 이어붙여
연명하던 그때,
모습은 몰골로 바뀌었다

마주 앉은 여생과 무릎이 닿았다
소스라치며
잘려나간 다리를 돌려막기로 끼워 넣었다

나를 밟고 넘어간
쓸만한 것들만 여름이 되었다

머리숱 많은 마당의 감나무는
불어난 살림에 하루가 짧았다 이월된 봄이
감나무의 가계부에 흑자를 기록하는 동안

제 살을 파먹고
제 몸에 파종된 씨눈들

방치된 구석에서
파랗게 독을 키우며 봄은 폐기되고 있었다

외발로
그 무렵을 넘어,

집 앞 느티나무에서 기어이 첫 매미가 울었다

울음도 쌓이니 근육이 되었다

내 詩의 첫 줄은

내 詩의 첫 줄은
항상 낯선 길에 나서는 어린아이와 같아
어디로 가는 것인지
무엇이 나타날 것인지 궁금해

어둠이 순두부처럼 흩어지며
우윳빛 새벽 동이 트여 오는 그 길로
엄마 찾아 허둥대며 나서던 겁보

호기심이 커져 설렘으로 치달리면
가슴의 맥박은 큰 붕알 시계 소리처럼
기우뚱 기우뚱 숨이 차다

내의 詩의 첫 줄은
따뜻한 마음속 박동치는 음악에서 온다.

백운순

그네 타는 새만큼

바다가
안개 속에서
바람의 빛을 타고
분수처럼 피어나자
휘파람 소리만
오지랖 넓게
파도 꽃을 타고 왔다
거친 파도에
은빛 조각 실은
여린 속살의 뜨거움
빛이 너울대는
삶의 물결 안에서
비릿한 머릿결로 출렁인다.
위업 식지 않는 몸통이
갯바람에 날개를 펴고 힘껏 날아가려 해도
넘실대는 파도와 함께 멀리 갈 수 있겠는가,
헛헛한 가슴으로는 지탱 할 수 없어
그네 타는 새만큼은
한 걸음 비켜 서성이고 있다.

지평선

초원 끝에
두 사람,
마주 달려가고 있다.

비안개 속에 겹친다
뭔가 서로 주고 준다

안개 속에 다시 말을 타고
왔던 곳으로 다시 달린다

광활한 바람
사라졌던 지평선이 팽팽히 늘어난다

손해일

다물多勿·1

안개 속에 젖어 있었다
태초에 말씀 한마디
누리에 가득하던 공허
지구가 다만 하나의 불덩이였을 때
깊디깊은 선사의 골짜기
빙하의 가슴을 적시던 시생대의 높새바람

수미산 어디쯤
알타이산록 어디쯤
아니 시베리아 원시림
바이칼호반의 어디쯤
우리의 핏속을 에돌아 흐르는 동이(東夷)의 숨소리

양자강, 황하, 난하에서 우수리강까지
중앙아시아 타시겐트, 알마아타. 키르키츠를 넘어
황막한 몽고고원 고비시막을 건너
만주벌을 치달리던 청동인의 말굽소리

흰옷겨레 적막한 말울음이
황사바람에 날고 있었다.

첫눈

어둠에 저항이라도 하듯
하얗게 내리는 눈송이
모두가 잠든 새벽 소록소록
눈이 내린다

언제부터 내렸을까
대지의 형상을 지운 눈밭 위에
까만 눈썹 수라도 놓으면
살포시 뜨는 눈망울, 긴 겨울 잠들기 전
새봄을 예고하는 계절의 마지막
눈짓이라도 볼 수 있을까
아침이슬 머금은 풀꽃처럼
촉촉하게 빛나는
그 눈빛으로

첫눈이 찾아왔다
내 어린 설렘과 함께.

오세영

들꽃

젊은 날엔 저 멀리 푸른 하늘이
가슴 설레도록 좋았으나
지금은 내 사는 곳 흙의 향기가
온몸 가득히 황홀케 한다..

그때 그 눈부신 햇살 아래선
보이지 않던 들꽃이여.

흙냄새 아련하게 그리워짐은
내 육신 흙 되는 날 가까운 탓,
들꽃 애틋하게 사랑스럼은
내 영혼 이슬 되기 가까운 탓.

바다

푸르고 큰 눈입니다

눈물 마를 날이 없습니다

아침이면 해를 낳는 기쁨으로 울고,

저녁이면 해를 잃는 아픔으로 웁니다.

울 때마다 피눈물입니다.

바다는 어머니의 눈입니다.

유안진

양털구름

저녁하늘의 은회색글자
우리만의 암호暗號문자로
하느님 몰래 써 보낸
당신의 편지

멋 부려 비껴 꼬불친 필체
손글씨 두루마리가 구만리라니.

잼버리

세계 스카우트 잼버리가 열리던 날
인사동 부근을 지나던 외국인 가족
은행 앞에서 갑자기 소녀가 환성을 올린다.
"마미, 마미"
그리곤 달려가 만국기가 그려져 있는 포스터에서
인도 국기를 가리킨다.
"인디아, 인디아"
조그만 만국기들에서 용케 자국기를 찾아낸 인도 소녀
지나가며 그것만 눈여겨보았나 보다.
소녀의 아버지가 쳐다보며 빙긋이 웃는다.

초대시 1

이무권

몸의 기억

이즘 들어
생각이
몸의 기억을 따라잡지 못하는 일이 잦다.

진작 눈을 뜨고도
한참을 뒹굴며 늑장을 부리다가 일어나
화장실 들러 양치질하고 달려간 주방
습관대로 냉장고 문은 열었는데
식전에 마시라고 강요당하는
무슨 액즙이 생각나지 않아 도로 닫았다.

오늘도 아내의 타박으로 하루를 시작하는 빌미다.

몸이 빠져나오기 전에
문을 닫다가
손가락 찧는 일이 한두 번 아니고
김유신 말 가듯 동기도 의지도 없이
같은 곳만 감도는 생활 반경까지

일만 터지면
네 탓이라고 질타하는
용산이나 여의도의 최적화된 몸의 반응들
나도 진작에 정치판이나 뛰어들었으면
자동판매기 작동하듯 자동 발화하는
대통령실이나 어느 당 대변인 역할쯤은, 모양 좋게
잘 할 수 있지 않았을까 싶다가도,

이젠
어쭙잖은 학습으로 채워온
내 삶의 허울도 벗어버리고
원초적 몸의 소리에 순응하라는 명령 같아서
산해경山海經에서 만나는 형천形天처럼
머리는 하늘 주인에게 바친 셈 치고
젖가슴에 두 눈 달고
배꼽으로 입을 삼아
보이는 것만 보고
입속에 넣어주는 것만 먹고 마시며
생각 밖의 생각마저 지워가야 할 것 같다.

초대시 1

李玉熙

낯선 귀로

언제까지 이 길로 돌아올 수 있을까
언제까지 이 길이 남아 있을까
갈수록 낯설어지는 이 골목길
무너진 담장에 발붙인 강아지풀
폐가가 된 방앗간 쪽문 위의 비둘기
잠시의 정적 속으로 부리를 감춘다
골목 끝 「철거 중!」 알림판을 지나면
환하게 팔 벌린 대형마트가 맞아준다
파도쳐 넘실되는 상품들
호기심이나 망설임의 파도는 한순간
낯설어서 불편함을 빠르게 지나
익숙한 내용들을 담아 서둘러 나오면
새로운 한 주일을 예비한 안도감
남은 가로등의 상처 난 불빛 사이로
공터를 금세 점령한 외래종 식물들이
귀로를 더 어둡고 낯설게 한다

이별 후에

어떤 이는 낙엽의 가을이 보이고
어떤 이는 푸른 눈물 고인 손수건을 보았고
어떤 이는 김소월의 진달래가 보인다

반드시 이별은 아프고 또 아프고
슬프고 처연한 것인지

아니다, 밤하늘의 별이 다시 반짝이듯
이별은 생명의 시작일 수 있다

지는 꽃의 열기가 뜨겁거나
눈부신 것은
언젠가 오게 되리라는
부활의 말씀 때문이다

그동안 세상과 나를 이긴 것은
다시 오리라는
이별 후 약속이었기 때문이다

허형만

잔치

겨울이라고는 하지만
입춘 지나 따뜻한 날 오후
맛 좋기로 소문난 고자리냉면 집 앞 논에
쇠기러기 떼 몰려와
잔치 잔치 벌이고 있다
제 고향으로 돌아가기 전
마지막 식사인 양
오종종 모여 논바닥을 샅샅이 훑고 있다
오늘따라 햇살도 바람도
비단결처럼 포근히 감싸주고 있다.

월곶리 연가

햇살이 바람과
가지를 흔들어 깨우는 날
봄의 요정은
꿈을 잉태한다.

밭두렁에서 졸던 냉이가
실눈을 뜨고
파르르 웃는다.

개나리 마른 가지에도
제비꽃 가냘픈 입술에서
봄의 멀미 시작됐다.

봄을 줍는 소녀는
가슴에 햇살을 담아 놓고
길었던 겨울 꼬리를
잘라 내고 있다.

초대시 1

김경수

모월모일某月某日

-어머니께 기별

멀리 금강이 내려 보이는
조그만 고향 언덕에 앉아
어머니께 이 편지를 쓴다

상수가 훨씬 넘으신
어머니께 보내드릴
풍성한 꽃다발에
입 맞추었다

잃었던 향기가 돌아왔고
찐득거리던 환경변화 물질에
어찌할 줄 모르던
저녁노을마저
붉은 가슴으로 끼어드니

문득 떠오르는 어머니
그 모습과 미소를
생명의 눈에 그려본다

강
구
원

창窓 (1) 외 2편

눈에 보이는 열린 창은
　　아름다운 창이다
귀에 들리는 열린 창은
　　기다리는 창이다
마음에 있는 열린 창은
　　소원의 창이다
눈의 창을 열고
　　창조의 비경祕境을 보자
귀의 창을 열고
　　오실 이를 기다려 보자
마음의창을 열고
　　한 맺힌 소원을 풀어보자
님 계신 곳을 향해 창을 열고
　　평생에 준비한 오라토리오oratario를 해보자

창窓 (2)

창은 눈을 열고
눈은 창을 연다.
창은 귀에 말하고
귀가 창을 지배한다.
각양 좋은 것들이
열린 창으로 들어온다.
창은 빛을 배웅하는 사자다.
창은 소리를 가져오는 전령이다.
창에 대한 기대는
더 높아만 간다
누가 창을 쉽게 만들려고 하는가
누가 창을 함부로 여닫는가

창窓 (3)

창窓을 닦는 것은
태양을 사랑하기 때문이다.
창을 사랑하는 것은
태양을 사랑하는 것보다 더 겸손하다.

창을 사랑할 수 없으면 태양을 잃는다.
창을 여는 것은 태양을 소유한 증거다.
태양에 품기운 자만이 창을 연다

슬픔을 당한 자가 창에 이마를 대고
그 통한을 다스린다.
기쁨을 만난 자가 창에 얼굴을 대고
그 환희를 숨긴다

정직한 역사는 창의 역사다
철학의 창은 손때 묻은 창이다
역사의 창은 손질한 창이다
창은 인생을 인생 되게 한다

기이지수期頤之壽에도

누군가의 창이 되어주고
육신은 죽어도 누군가의 창으로
나를 말하게 하라

* 기이지수(期頤之壽) : 백세를 이르는 말

가지 치는 날 외 2편

조금 웃자랐다는 이유로
뚝뚝 잘려나가는 나뭇가지들
고도의 하늘을 상상하며
새벽이슬의 기척에
먼저 반응하던 부지런한 시간들이
지난 날 업적에 관계없이
밑그림에서 말끔히 지워졌다
꽁꽁 언 추위 속에서,
제일 먼저 봄을 물고 나와
모두를 환호하게 한 공로는
아름다운 관행으로 남겨둔다
갑작스런 시퍼런 칼날에
비명 한 번 지르지 못하고
모두의 묵인하에
책상 내어주고 길 떠나는 남자를
바람이 위로하며 지나간다.

풀

우수수 흔들리는 바람
그것은 한때 논두렁 지나던
젖은 아버지의 옷자락이었고
들녘 벗 삼아 까르르 뛰놀던
동네 아이들의 웃음소리였다
화려하지도 우뚝 솟지도 않아
사랑 독차지한 정원 밖 멀리 서있지만
서운한 기색 없이
산책길에서 먼저 길 비켜준다
누가 보지 않아도 든든히 뿌리내려
모두를 품어주는 드넓은 아량
정말 힘들 때 곁에서 격려해주는
가장 오랜 친구
꺾이지 않는 기개로 등 쓸어준다.

그의 이름은

길가 집
문패 하나 달려있다
가끔 마주치는 노인
대충 걸친 의상에도
중후한 멋이 있어
그의 지나온 역사를 돌이킨다
보이지 않는 날이 길어지면
묵언의 안부를 묻는다
번잡한 도시 한 켠
세월과 맞선
반듯한 이름 석자
이런 저런 이유들로
휘청거리는 길가에서
드물게 반짝이는 항성
때때로는 길 잃은 사람들
초심으로 안내하는 표지판이다.

초대시 2

고원구

낭만이 숨 쉬는 물결 외 2편

수평선 넘어
낭만이 숨 쉬는 물결 위
외롭게 떠가는 똑딱선 소리
님을 향한 행진곡인가

청솔의 끈질긴 인내
대왕암의 뿌리처럼
흔들림이 없고

푸른 청솔
갈매기 벗 삼아
낭만이 춤을 추는
동해의 푸른 물결

고요한 바람결에
희망의 빛이 부서지고 있구나

사랑이 꽃피는 장터

보현댐 주변
인산인해를 이루는
사람들의 발걸음

늘 푸른 잎새가
물결 위에 춤을 추듯
손 맞잡고 반겨주는
사랑이 꽃피는 장터

굵은 땀방울 모으고 허리 굽혀
한땀 한땀 일하며
보람으로 꽃피우는
조그마한 장터

마음과 마음 이어가는 사랑으로
울고 웃는 정다운 목소리가
사랑이 꽃피우는 장터로 마을로
새롭게 태동했네

촌노의 자연 사랑

여름 뙤약볕이
온몸을 불태우듯

구수한 바람이
소쩍새 소리처럼
아름답게 울려 퍼지는 강변

수마가 할퀴고 간
강변 어귀에
잡다한 쓰레기덤
자연을 어지럽게 들쑤셔 놓았네

세월 앞에 내어준
품격 없고 볼품없는
허리 꾸부정한 촌 노인들

마구 흩뿌려진 쓰레기덤
자연을 청결하게
훔치고 있다

고은주

또 꿈 외 2편

섣달그믐날 사리때
뭍을 향한 끝없는 간구와 구애의 몸짓으로
곤두서 잠 못 든 오늘
쩍쩍 금이 간 너의 살갗은 거칠다

촉수를 더듬는 짐승의 배부른 몸뚱이
어둠의 창자를 떼지어 뚫고 나오는
삭지 않는 무수한 생명의 씨알들을 게워내는
너의 숨소리는 해산하는 여인처럼 거칠다.

툰드라의 된바람에 핏기 잃은 달이
어둠의 강으로 떠밀려 가면
밟아 서지 못한 높은 산을 향하여
허리를 곧추세워 달려오던 너는
복병처럼 낮게 엎드린 모래알 틈에
잘게 잘게 무너져 내려……

영원의 경계를 넘지 못한 땅을 향하여
고개 꺾인 성난 물비늘을 가다듬고
너는 엎드려 잠잠해진다.

바다와 나

바다가
단단한 새알심을 빚는다

누굴 위해서인지
날마다 날마다 그 자리에
가지런히 몽돌을 쌓아 놓는다

내 혀로
뒤뜰에 말들을 뱉어 놓는다

누가 들을까?
용기 없어 외치지 못한 소심함으로
입 안에 돌돌 말린 밀어密語들이
빛바랜 잎처럼 떨어져 굴러다닌다.

숨결

어느 샛강 고마리꽃 덤불 속
하늘 보고 조용히 누운 꽃돌에
나만의 숨결을 아로새기고 싶다

이제야 나답게
조금은 가탈스런 성질도
억누른 욕심도 눈치껏 부려가면서

종일 꿈틀거리는 벌레 마냥
틀도 선도 없는 땅속에서
나만의 나이테를 만들며
한번 살아보련다.

구신자

나라꽃 무궁화여라 외 2편

따가운 한낮 여름 햇살을
당당하게 마주하여
근엄하고 고귀한 귀품을 품고
분홍 하양 분 바르고
겸손한 듯 활짝 웃는 무궁화여

노란 수술을 쑥 내밀어 기개 높게 피다가
통째로 말아 깔끔하게 지는 꽃
가지마다 끊임없이 피고 지고
시련을 성실하게 잘 이겨내는
근면한 나라꽃 무궁화여

여름엔 삼천리 금수강산을
몽땅 무궁화로 심어
어디에서나 눈이 무르도록 보고
누구에게나 나라 사랑 더 하고 싶은
우리 나라꽃 무궁화여

여름 매미

지루했던 장마가 끝나고
매미는 밤낮을 쉬지 않고 울어댄다.
삶의 끝자락이 보이는 듯
혹시라도 짝을 만나지 못할까
두렵고 초조해진 모양이다.
몽달귀신으로 남을까

결혼은 해도 후회, 안 해도 후회라지만
이왕이면 해보고 후회하는 편이 낫다고 한다.

매미는 오늘도 숨 가쁘게 울어대고
노력은 배신하지 않는단다.
열심히 짝을 불러보렴.
행복한 아침이 분명 오겠지.
7년을 땅속에서 살다가
2주를 성충으로 바깥세상에 사는 슬픈 매미야.
짝을 만나 멋진 듀엣 송도 불러보고
덩실춤도 춰보고 남은 생을 실컷 즐겨보렴.

여름아! 느릿느릿 지나가렴.
매미에게 이 여름날이 얼마나 소중하겠니.
나도 매미의 애절한 세레나데를 들으며
이 여름날을 소중히 살아보련다.

단호박

한여름 땡볕에 서 있으면
금방 익어버릴 것 같은 폭염이다.
금오이, 금상추, 금가지
푸성귀가 밭에서 시들어 죽어간다고
제때 목마름을 알아채지 못한 주인 탓일까
참을성이 모자란 상추 탓일까
뜨건 해만 내리는 야속한 하늘 탓일까
인간이 지구 온난화를 일으킨 주범이라며
자꾸만 공염불에 그치는 참회를 한다.

스테인리스 칼을 대도 쉽게 속을 열지 않는
단단한 단호박 몇 개를 손질하는데
어깨까지 힘이 잔뜩 들어가 윽윽소리가 절로 나고
드디어 황금색 속을 내보인 단호박
더위를 이겨보려고
더 단단한 껍질로 감싸고 있었나 보다.
시련은 어떤 이에게는 단맛을 더하게 하고
이런 더위에 더 소중하고 뭉클해진 단호박이다.

사랑을 심고 외 2편

하늘을 밀고 있는 낮달을 품고 파아란 봉우리에 서서
능선 바람에 서로의 몸을 부딪는 오롯한 두 송이 원추리는
흐르는 한 송이구름에 엄마의 젊던 얼굴을 새기고
맑은 햇살에선 아롱진 여동생 내외의 따스한 커피향기를 맡고
바람을 가르는 산새는 아들이 펼친 비상의 깃털입니다
간밤에 내린 이슬을 털어내는 패랭이 꽃 무리에 담긴 딸이 겨워
가슴 깊이 간직한 그들의 의자를 펼치고 싶습니다
우리는 사랑을 했고 사랑을 하고 또 사랑할 것입니다
그래서 휴일이면 나는 푸른 별빛이 되어 산으로 갑니다

텃밭의 아침

밤사이 미명을 붙들고 올라오는 소박한 결실
여름을 넘긴 햇살이 떨군 순환의 조각들이다
하늘 벌레가 다녀간 만찬의 모습
옥상에 펼쳐진 해말간 잎새에 숭숭 구멍이 뚫렸다

사각 통 흙 속에서 아득 아득 하늘을 후비던
지렁이 달팽이 개미가 도사려 터를 잡으면
지붕의 창마다 발갛게 익는 수줍음이 짓는다

아침이 솟구친 텃밭 사이에 봉긋이 내밀면
가지 상추 고추 근대 쑥갓 그리고 방울토마토
텃밭은 흘린 땀방울마다 웃음을 깁는다.

가을인가 봐요

사람마다 조금씩은 다르겠지요
사람들은 초록색에서 붉은색으로 옷을 갈아입는
단풍이 가만히 서리는 무구한 순정을 사랑합니다
가을은 멀미하는 붉은 숲의 노을빛 과일입니다
단풍잎을 보며 솟구친 설렘은 오롯한 시름 조각입니다
피는 듯 사위는 피멍 든 잎이 떨어져 바닥을 뒹굴 때면
더 오랫동안 아름다움이 없음은 꿈을 깁는 슬픔입니다
숲에 노닐던 순결이 너무 짧은 시간에 떠난 날
가을의 몽긋몽긋 산덩이들은 나의 헤진 가슴 조각입니다.

김근성

한살매* 외 2편

가난에 짓눌려
열아홉에 디엠지 초병

딸 셋, 아들 하나
기르고 뒤치다꺼리는
손 투박한 아내의 몫

전라도 이 고을 저 고을
궁핍한 공직생활
푸른 숲 지킴이 서른 해

사람과 산의 관계
숲이 주는 이로움
격물치지格物致知 숲 알리미로 십여 년
높낮이 골골새새
산마루 봉 섭렵 일천 오백여 회

꿈 하나
오로지 글 쓰고 싶다

백마 글방 출입
글 마당에 얼굴 내밀어
사위질빵 꽃피어
화산華山에 올라
돌탑을 세우다

산수傘壽에
마음만은 화양연화다

*한살매: 한평생

내 차지

고고령孤高齡 엄니
금방 눈앞에서 한 일
까마아득 몰라라

지켜보던 딸래미
곁에 두고픈 엄닌데
보고 또 보고픈 엄닌데

나, 딸, 위로 머스마
서로 미루는 꼴 볼썽사나워
가냘픈 엄니는 내 차지

천륜 인륜
버릴 수 없어
울 엄니
내 차지, 고맙네

호랭이 물어 갈 놈

-국지성 호우

금화교역金火交易
간절기
말갛게 동트는 하늘
욕심부려 새벽공기 맘껏 마셨는데

세내교 뱅그르 돌아
서른 해 누옥 오백여 걸음 앞서
무얼 얼마나 잘못했기에
두 뺨 후려치는 주먹 비 흠씬
꼭 둠벙에 빠진 생쥐 꼴

에라
호랭이 물어 갈 놈!

지은 죄 씻음인가
홀라당 맨살
죄 닦음
시원하구나

초대시 2

김기성

시의 향기 외 2편

비가 오는 날은 비의 시를 써야 운치가 있다
꼭 그렇다 우선 집을 나서라
젊은 사람은 우산을 쓰지 않아도 되지만
노년은 쓸 필요가 있다.

한때는 부러 우산을 쓰지 않았다
아리따운 여자가
그것은 대단한 착각이었지만
25살 시절 2시간을 소낙비에 방황하다 독감에 한 달
비 오는 날은 청춘이 불쑥불쑥 피어나는데

우중 속에서는 시에 대한 연민도 더더욱 살아나고
소설에 영혼을 팔아야 하고
꿈동산에 올라 천진난만 동화도 쓰고
젊은 날의 초상이 흑백 필름으로 끊겼다 이어지지만
아름다운 영상은 항상 시의 향기다

칠팔월 소낙비에 젖은
처마 밑 사내는 향기 잃은 꾀꼬리지만
청승맞은 운석이라면 더없이 행복하다
때로는 시의 분노가 피어나기 때문이다

그곳이 궁금하다

누가 죽음이란 머릿속이 동냥아치 쪽박처럼 텅 비고
눈앞에 천국이 보이고 천치처럼 해죽해죽 온다더라
천국과 지옥은 종이 한 장 차이가 아니라 하더라
그곳이 낯설지만 한 번쯤 가보고 싶다

스무날 전만 하드래도 내가 사랑하는 삶은 다복했다
어느 철학자가 삼재를 예견하던 바로 그해 그달
두 딸년 백년손님이 묵어갈 둥지를 멋지게 틀다가
지붕 위에서 허공 밟아 저승 문턱 다녀왔다

흙의 후예는 흙에서 죽어야 명예롭다는데
만평농토가 나를 애타게 기다리는데
49일째 하얀 창고 방에서 생명수를 빨아 마시는데

저승사자가 온다는 새벽녘인데 장마 통 궂은비까지
마음 가상으로 추적추적 젖는 것 보니
그놈에게 금상첨화
그곳은 한번 가면 다시 돌아올 수 없다고 하던데
운명이라는 호기심 막무가내 뿌리칠 수도 없다.

들판에서 휘청거리는 다리를 이끌고
눈물을 훔치며 부산을 떨고 다닐 내 우렁각시의 애처로움이
가시연꽃으로 산 송장 가슴팍에 하나둘 박혀오는데
차마

시작 노트: 백년손님이 묵어갈 별채를 짓다가 지붕 위에서 추락하여 3번 요추가 골절되어 용궁에 다녀왔다.

후회의 약

내 나이 불혹이면 하얀 모시 적삼을 걸치고
하얀 쌀밥을 먹으며 하얀 달빛으로 시를 짓고
학이 되고 싶어 처녀처럼 살기를 꿈꾸었다

내 나이 이순 소담한 업적이라도 만들어서
그것을 행하고 가치 있게 삶을 살고 싶었다

고희가 된 4월 어느 날 태국 치앙마이 도착했다
600년 자라온 보리수나무 밑에 정신일도 했으나
내가 두렵다
부처도 두렵다
나의 허물이 정말 두렵다

왓 수완덕 사원 사탑 황금 부처가 눈이 부시다
나는 잠시라도 속세의 탈을 벗고 싶다
세계에서 온 수백 수천의 중생들 허물을 벗으려고
묵도에 잠겨갔다.
붓다 붓다 부처가 따로더냐

내 삶을 꿰매려고 말리를 찾아왔는데.
시간의 끝자락에서 학의 꿈을 꾸다가
108번뇌의 유혹에 휩쓸려 반생을 에두르다가
시의 까마귀가 되고 말았다

노향老鄕 외 2편

김대용

이슬 묻은 나뭇잎
주워보니 세월이더라

늙어가는 길이 초행이라
두렵고 힘든 길인 것을

아픔도 잠시 슬픔도 잠깐
머물다간 세월

툭툭 털고 일어나 아픔도 잊고
슬픔도 없이 사랑으로 나선길

찬찬히 둘러본 인생
쉬엄쉬엄 쉬어가며 노향老鄕으로

향한 마음 한 송이 꽃이 되어
돌아가리

달무리

달빛 넘어 청사초롱
색동 달무리 초롱초롱
님을 부른다

작은 별빛 바다
은초롱 보석으로
씨를 뿌린다

은하의 바다
우주를 떠난 별똥별 하나
택배로 날아든다

천상의 생명을
밤하늘로 나른다

초로의 인생
만수장림에 뜬 작은 별빛 되어
오늘도 그 자리 은빛 별 하나.

삶

단풍 진 가을 노상 벤치가 있어
좋았소

이야기로 가을을 뿌린
길동무 오손도손 조잘이고

해거름 서산 그림자 품고
소담소담 토해내는 이야깃거리로

하루해가 넘어간다
세월도 따라가고

산넘은 노을 붉은 못은
단풍으로 돌아와 앉아

서리 내린 인생 하얀 머릿결
바람 따라 언덕길 넘어가니

서산이 나를 보고
보소들 황혼 청춘

하얀 모습이거늘
보고들 웃지나 마소

살아온 인생 야속한들
모자라고 부족한들

어찌하겄소
이제 산 넘고 물 건넌 인생인데.

초대시 2

김도남

마음만은 외 2편

새 움 트는 봄이면
나이를 잊는다

봄꽃이 피면
머리에 쌓인 백설은
세월을 잊는다

아직도
청춘이고 싶다

틈새

초강력 태풍이
지나간 자리

밭두렁에 아무렇게나 올려놓은
돌담은 멀쩡한데

블록 담장은 처참하게 무너졌다

큰 나무는 뿌리 채 뽑혔는데

울타리에 거미줄은 멀쩡하다

적당히 틈새를 두고
웃고 살자

늦가을 즈음

높푸른 하늘
하얀 새털구름이 큰 나래 펼쳐
바람을 일으키면
시퍼렇게 깊어지는 마음

꽃이 피었던 자리에
열매를 키워내는 나무처럼
내 인생에 와준 선물 같은 인연들이
주렁주렁 매달려 행복하다

삼킨 바람으로 깊어진 마음속에선
어머니 목소리가 정겹게 들려오고
어린 시절 맑은 눈을 가진 친구들이
반가운 얼굴로 모여든다

높푸른 가을 하늘
한없이 쏟아내는 바람, 나무, 구름의 시를
가슴으로 받으며
시린 그리움에 젖는다

예쁜 머리하는 집 외 2편

손님 없는 오후
거울 앞에 습작노트
펼쳐놓는다

손마디 새겨진 흉터마다
시린 말들이 숨어 있을 듯한데
뚫어져라 바라보아도
문은 열리지 않는다

거울 속엔 기울기가 다른 어깨
어긋나는 시행들

만남을 이야기하면 이별이 오고
행복을 쓰려하면 불행이 기록되는

들쑥날쑥한 글자에도
제멋대로 뻗치는 단어에도
어떻게 부드러운 웨이브 줄 수 있을까

아름다운 문장으로 다듬어보지만
맥없이 잘려나간 낱말들만 수북하다

오늘을 자전거에 태우고

주저앉고 싶은 날
한강변으로 자전거 수행을 떠난다

강물 위 지는 해 바라보며
가라앉는 생각 하나 던져 놓고
묵주를 돌리듯 페달을 밟는다

나무 위 새들도 날아가고
물오리들 저녁 공양 몰두할 때

구불구불한 하루 뒷자리에 태우고
움푹 들어간 물웅덩이 피해
오르막 내리막 지나
숨이 차오를 때까지 달린다

뼈마디가 뻐근해지면
조금씩 느슨해지는 바큇살
심장은 다시 뜨거워진다

온 길 돌아보면 어느새
자전거는 나를 업고
밤의 정원으로 들어서고 있다

나무와 새

새는 날갯죽지에 이별을 숨기고
이파리를 흔들며 떠났다

긴 꼬리를 남긴 유성처럼
나무가 듣던 새의 울음은
밤을 흔들어 놓고 하늘로 날아갔다

나무는 바람이 물어다준 '보고싶다'라는 말을
허공에 썼다 지우고
밤하늘의 별 보며 새를 그리워했다

나무가 그리우면 새는
별똥을 누며 눈물 흘리곤 했다

초대시 2

김두녀

가슴으로 눈뜨기 외 2편

컴퓨터가 말썽을 부려 문방구에 가 도움을 청했다. 작품 사진을 찾다가 고등학교 적 내 사진을 본 그가 가슴이 울컥 하다며 눈을 비볐다. 젊은 감성에 놀란 나는 얼떨결에 '금방 이렇게 돼요'라고 했다.

물고기처럼 거친 물살을 버텨온 소녀는 일찍부터 푸시킨의 삶이라는 시를 가슴으로 품었다. 정해진 시간 언젠가는 돌아가야 한다는 것을 알면서도 모르는 척 게으르게 때로는 단거리 선수인양 달음질을 쳤다.

툭하면 어디쯤일까 내다보는 종착역. 가늠할 수 없는 시간에 오감을 내줘야 할 터. 깃털만한 삶의 무게로 손끝 매만지니 엄지발가락이 배시시 웃는다.

가슴으로 여는 아침, 봄비는 소리 없이 내리고 산과 들은 춤추며 일어선다. 생명의 계절 4월에 새들은 알을 낳고 나는 시를 품는 보석 같은 오늘이 나를 받아주니 참 좋다. 그대가 있어 더 좋다.

매미

큰 비 그친 아침
매미 한 마리 운다
반가워 올 것이 왔다 내심 반가웠다

이튿날에는 서너 마리쯤 울더니
사흗날에는 셀 수 없는 녀석들
어느 놈은 내 귀에 대고
짐승처럼 울어댔다

창문을 기웃거리던 녀석 내 손에 잡혀
끓는 내 가슴팍에 올려놓고
어서 울어봐!
네가 나보다 더 뜨겁냐 더 간절하냐?

말을 잃은 매미 휑하니 달아난다

살구를 품다

살구꽃 하얗게 날리고
여문 씨방 부풀다가 알알이 흩어져도
이 고운 빛 누구 하나 탐하는 이 없는 건가

내 어릴 적
큰 샌드백을 어깨에 메고
대문을 들어서던 오라버니
때깔 좋은 살구를 마루 끝에 수북이 쏟아 놓았다
눈 휘둥그레진 식구들 우르르 모여들어
실컷 먹던 기억 아직도 생생한데

길 잃은 친구들
오늘 아침에야 임자를 만나
그것도 산책 나간 내 남자 모자 속에 안겨들어
낡은 싸리바구니에 새둥지를 틀었다

곧 부화할 것 같은 온유한 빛
살구 알에 하루를 기댄 채
바라만 보던 그 속에서
낮잠 자던 막냇동생 잠에서 부스스 깨어나고
담장을 뛰어넘던 작은언니 웃음소리에
미소 짓던 살구꽃 어머니, 어머니

사모곡思母曲 외 2편

산 너머 밭
가는 길목마다 개금도 익어가고
밤송이 아름 벌어 쏟아지는데
어머니는 알밤으로 소식을 전해 주시네요
암세포가 온 몸에 퍼져 아파하시면서도
걱정하는 자식들에게
난 괜찮다 이 겨울만 넘기면
힘을 주시던 어머니
아버지와 밤 늦도록 깐 밤을 봉지에 넣어
택배로 보내주셨지요
그 밤이 아직도 냉동실에 남아 있는데
딸각딸각 베 짜시던 소리 꿈속에 들려오고
공부하다 늦게 돌아오던 어스름밤이면
고개 밑에서 제 이름을 불러주시던 그 목소리
귓가에 여울져옵니다

아침 무렵
-행복

아카시아 꽃향기
코끝에 스며오고
짙어가는 신록의 모습이
황홀함을 더해주는 아침입니다

참새는 날개를 파닥이며
햇살 조각을 쪼아대고
텃밭에 고추는 하루가 다르게
삶의 열기를 뿜어댑니다

개미는 화초 잎사귀를 오르내리며
부지런히 일하고
출근하는 사람들의 힘찬 발걸음

집 안 가득 채우는 햇볕
살아 있음에 행복을 느낍니다

눈부신 아침

자스민 가지 사이로 늘어진
거미줄에 작은 물방울
햇살에 반짝이고

실잠자리 꽃가지에서 조을다
깜짝 놀라 일어난다.

참새 한 마리
빛살 타고 내려와
고인 물 찍어 목 축이고
날아오른다.

하, 눈부신 아침

김무영

건널목 외 2편

여왕벌이 지나간 길을 따라 걷는다 고요와 함성이 소용돌이치는 거리를 지나면 하나둘 사라지는 거품은 등댓불이 되고 반대쪽에서는 갖은 모습이 인연으로 모여든다 서로 다른 빛깔로 고독에 처져 바닥으로 드린 눈망울이 3분마다 반복되는 저 불꽃의 향연 3초를 기다리라는 어명을 멈추지 못하고 대각선으로 자르는 자를 향하여 어디선가 퍼져오는 기적은 나의 귀 밖에서 울릴 뿐이다 그들이 3분이면 흩어져 제자리로 가지만 나의 3초 후는 꼬랑지와 머리가 바뀌거나 물이 거꾸로 흐르든가 절룩이며 꼬꾸라지다가 이름 없는 노래를 반복하다가 저 인연들은 기력이 저어할 때 지나쳐야 할 거리로 횃불 되어 돋아나고 있다

버스 안에서

의식이 가물가물 피어오르는 것은 목적지 찍힌 글 때문일까
선생님만 졸졸 따라다니는 신입의 이름표가 펄럭인다
웅성거리는 안으로 들기 위해 카드를 찍어 통과의례를 마치고
다급히 빈자리를 향해 달려간다 빛과 그림자가 반반이지만
그림자 위 빛에든 움직임들 그들은 주인을 대신해 공연 중이다
낯선 골목을 들 수 있을지

간판이 눈부신 그곳에서 누군가 잔뜩 봉지를 들고 오른다
작업복에 나타난 형광라인에 페인트자국이 묻어있다 아들 옷에
있던 그 자국이다 여인의 옷에 남겨진 자국을 비빈다 아들
냄새가 난다 허물어질 대로 허물어진 삶으로 거센 노동 현장에
도전한 이들이다 그녀는 어느 동네에 내린다 보이지 않던 자국이
별이 되어 등 뒤를 따라가고 있다

층지에서

물새들이 바다에 빠진
기억을 물어 나르고 있다
질피가 바닷물을 업고
태풍에 상처 난 바위틈으로 길을 낸다

부딪히는 파도 낱낱은
현해탄을 건너던 사절단의 숨소리
뗏목에 의지한 서복 일행의 촛불 같은 목숨
폭풍도 뚫고 이어지나니

역경도 한도
아스라한 민족의 정기도
고독한 개척자들의 핏물에 걸러
층지로 스미고 있다

마량항 노을처럼 외 2편

네 앞에 서면
부풀던 어깨는 바람 소리로 아프다

등 가득 노을을 지고 흔들리는 작은 배들
충혈된 어망의 눈빛도 김발 매듭에 속눈썹 내리고
말없이 서쪽으로 옮겨온 하루
바다 가득 제 몸 스스로 물들면
많은 말을 쏟아낸 작은 포구는
비로소 혼자다

빈 몸으로 돌아와 섬처럼 앉아 보는
멀고 먼 별을 꿈꾸던 맨발의 쓸쓸함
갈매기 부리에 매달린 붉어지는 침묵이
숨소리 잔잔한 넓은 바다로 길게 물어 나르고
이 자리 그대로
동백정 소나무 그늘에 설핏 잠든 등대 꿈
새벽녘이면 별빛으로 쏟아질 것이다
더운 햇덩이 밀어 올리기 위해서.

가시연

아주 조용히
작은 것을 가져오세요
멀리 바람이 소금 한 톨 품어오듯

따끔따끔 새의 날개 끝에서 내려가
붉은 맨발 밑으로
촘촘히 일어서는 뾰족한 언어들
비로소 길을 찾아 환한 얼굴로 올라오듯

접힌 하늘이 한 뼘씩 한 뼘씩 팽팽해질 무렵
사각사각 물그림자 갉아먹던 어제의 또 어제
종일 세웠던 까치발로 물의 표면을 누르며
이제 힘 있게 총총 일어서는.

가을엔, 체크무늬 셔츠

바람의 속눈썹 사랑이 촘촘한 체크무늬 셔츠를 고릅니다.

고급스러운 찻집 분위기에 맞는 차분한 색감을 선택합니다 너와의 따뜻한 간격을 위하여 조금 여유로운 셔츠로 고르려고 합니다 당연히 부드럽고 유연한 질감의 소재가 필수입니다

셔츠를 입어봅니다.

품위의 강약을 유지하는 정교한 감각과 눈썰미가 필요합니다 편안함과 정중함 사이 미묘한 경계선에 대한 시선은 늘 날카롭게 세웁니다 흔한 체크셔츠 팀에서 탈피하려면 진한 검정회색의 모직 팬츠도 순발력 있게 준비해둡니다

더 완벽하고 세련된 사랑을 원하나요.

마무리로 고품격 신발을 선택하는 것도 좋은 방법입니다 그러나 잊으면 안 됩니다 오래오래 같이 걸으려면 발이 아프지 않게 제일 편한 것으로.

이, 진한 가을엔.

초대시 2

김석림

침묵·1 외 2편

여전히 어둠에 덮인
그래서 고통 가득 찬 세상
온몸으로 끌어안고
수봉산 현충탑 앞에서
무릎으로 기도 올리는
고독한 구도자를 만났다
한 뼘 공간을 소유하려는 소박한 욕심도
수려한 외모나 목소리도 갖지 못했지만
바람, 너는 그 자리를
침묵으로 지키고 있었구나

너와 맞잡은 손끝으로
뜨겁게 전해오는 천상天上의 언어들
몸, 마음, 영혼이 하나로 녹아
투명한 시냇물로 흐른다
아직 날개를 갖지 못한
내 유년의 애벌레
고치 속에서 침묵기도를 배우고
새벽을 깨우는
아, 찬란한 날갯짓
순결한 흰나비로 태어난다

매일 쓰는 유서

평생 순명의 멍에 걸머지고
핏빛 땀방울 쏟아
맨손으로 일군 돌작밭
정작 나를 위해서는
한 뼘의 땅도 마련하지 못했구나
이젠 한숨 돌릴 수 있는
공간이 주어져도
그걸 채울 수 있는 목숨이
남아 있지 않음을
깨닫는 데 한평생 걸렸구나

월미도 선착장으로 저무는 햇살
한 조각만큼의 시간을
내게 은총으로 허락하소서
이제껏 변변한 작품 한 편
남기지 못했는데
누군가 지우지 못한 추억 더듬어
내 이름 찾으면
미처 고백하지 못한 참회록
시 한 편에 담아서
전망 좋은 찻집에 걸어둘 터이니
그대여, 나를 본 듯 살갑게 반기소서

코스모스 꽃·3

인고忍苦의 세월
지독한 산통産痛 감내하며
반백 년 빗장 풀어
하늘과 땅 경계 허문다
가을햇살의 은총 입고
비로소 자유로운 날개 얻어
눈부신 사랑의 언어로 피어난
그대, 시월의 신부여

진정한 사랑은
서로 소유하지 않고도
온전한 하나 될 수 있음을
시린 심장에서
아프게 흔들리는 영혼
그래서 숙명처럼
오직 하늘을 품을 수밖에 없는
그대, 나의 천사여

몽돌 애환 외 2편

동글동글한 모양만 보고
예쁘고 곱다며 반해서
하나쯤 손에 넣고 싶어 하지만
하루 수 십만 번씩 드나드는
물결의 시달림을 안다면
함부로 몽돌 하나를 탐내선 안 된다.

속없이 부드럽고 한없이 너그럽다가도
거품 물고 철썩이며 덮쳐오는
파도의 변덕을 본 적 있다면
어찌 몽돌을 예사롭게 생각할까

수수만년이 가도 벗어날 수 없는 몽돌의 눈물은
아무도 모른다
오로지 동글동글 예쁘다는 것만 알 뿐.

엄지손가락

사흘은 족히 벼른 손톱이나 깎자고
신문 한 장 펴놓고 왼쪽 새끼손톱부터
순서대로 손톱을 깎고 손을 씻다 보니
오른손 엄지손톱을 빼먹고 일을 끝냈다
울상이 된 엄지를 보며 서글픈 웃음이

나란한 손가락 네 개에 비해
유난히 짧고 펼치면 뚝 떨어져 있는 엄지
다른 손톱보다 두껍고 억세 밉상이라고
고의로 빼놓을 수도 있겠지만
그건 심보 고약한 주인의 모난 생각일 터

엄지 척 세우면 어른, 아이 모두 얼굴이 환해지고
검지나 중지와 둥글게 이으면 만사가 긍정적으로 되는 맏이.
튼실하고 믿음직한 엄지손톱을 왕따 시킨 것은 본심이 아니야.
전두엽이나 해마가 탈이 난 건 아닐까 걱정이 될 뿐.

터널

화려한 오색 등으로
대낮보다 밝게 치장을 해도
터널 안은 늘 음산하게 느껴진다.
환함 뒤에 도사린 어둠과
멈춤 없는 질주가 꼬리를 무는 곳이기에

들어설 때의 오싹한 긴장감은
나올 때의 후련 함으로 때운다 해도
길거나 짧거나 썩 내키지 않는 곳
마치,
큰 마당 끝 해우소의 느낌처럼
지날 때마다 으스스하다 나는.

초대시 2

김영미

밤하늘은 깨진 파일이다 외 2편

밤하늘은 난감하다
별이 닫히고
누군가의 은전이
불행을 지불 할 능력이 없을 때
나는 밤하늘을 바라본다
지난 저녁 노새를 끌고 왔던 그 사내도
어느 도시의 소문을
끝내 마구간에 매어놓지 못했다
어차피 밤하늘은
어느 사치스런 여인의 계단 벽에서도
그림이 될 수 있다는 걸
나는 알고 있기 때문이다
풀들이 제빛을 잃을 때마다
별들이 가까워지는 이유를 알 때까지
나는 베니스의 상인들과 거래 할 수 없었다
나는 운명을 믿지 않는다
밤하늘도 거들떠보려 하지 않았다
상인이 되지 못한 죄책감,
나는 고흐다
아직 한 번도 가난 속에다

밤하늘을 완성하지 못한 미지의 영혼이다
한낮이 끝나기를 오후의 끝까지 헤매기도 하는,
나는 밤하늘의 불청객이다

흰밥도 눈물을 흘린다

아버지 온기가
구들장의 내력을 묶어놓은 오전
누군가 시루 속 콩나물을 깨워 놓고 간,
참 이상도 하지
문종이를 통과한 햇살의 잔영에도
제 음표의 고개를 드는
그 빛나는 여백 속에서
내가 꿈꾼 것들은
어떤 허기의 아랫목을 기억하는 걸까
'열려라 흰밥'
그 순간
아버지의 부피를 젖히고
담요 속에서 들췄던 건
작은 세례명
참 이상도 하지
밥을 열자 뚜껑 안쪽에 숨겨진 눈물,
검은 오지의 깡마른 아이 눈망울에서
꼿꼿하던 아버지의 고개 숙인 음표들이
디지털 밥솥의 경적을 울리며
내 안으로 들어선 후에야
눈부신 아버지 눈물이 보이는 것은,

가을단서

바람이 분다
몇 줌의 잎들이
내 의식의 지퍼를 열고서
뭉텅뭉텅 빠져나오는 듯한 오후
저쪽에서 바람이 분다
창은 이럴 때 늘 함구를 택한다
커피는 내가 새벽의 꿈을
몰아낸 뒤에나 끓을 것이다
기다림이 왜 오랫동안 거실에서
풍토병으로 동거하는지
커피를 끓이다 보면 알게된다
가을의 단서,
나는 창밖 풍경들이
나무에게 금지될 때마다
바빠지기 시작한다
오랫동안 소식이 끊긴
스마트폰의 숫자들과
오후의 잠을 줄이고
컴퓨터 블랙홀을 서핑하다가
몇 개의 스팸들과 싸우곤

다시 거실로 나온다
의식의 떨켜를 간질이는 커피향은
붉은 나무 모퉁이를 돌아서
주소불명의 엽서를
빈 잔에 풀어 놓는다

초대시 2

김유빈

사막의 돌 외 2편

사막은 한때
물의 바닥이었다.

움직이는 돌을 보러 갔다
돌 속엔 그 옛날 물결이
아직도 들어있는 것을 보았다.
스스로 일렁이고 있었다.

신기루 속으로 사라진 바다를 따라
물 냄새를 코에 바르고 찾아가는 길
망령처럼 떠돌던 바늘 한 조각
노을처럼 붉다

돌에게는 가야 할 방향과
의중이 들어 있다는 뜻
다만 바람을 의심하기도 하지만
그건 미약한 부추김이었을 것이다.

돌의 경주
돌은 갈 곳을 정하고

저 먼 곳에서 기다리는 방향엔
길의 흔적이 들어있는
화석 한 점 놓아둔다.

화석을 끌고 가는 돌의 시간
그것은 돌의 후미이고
바람의 선두이다

어머니

당신은 얼굴 없는 거울이다
이명을 거느린 귀다.
눈물이며 가슴에 놓인 칼이다.

내가 태어나기 전부터 있었던
운석의 고향이다.
세포 한 조각 남겨 놓고
매일 들숨 날숨으로 찾아온다.
먼지를 닦고 들여다보지만
얼굴 없는 거울이다.

춘향전을 읽어주던 목소리
이웃들의 자자한 칭송이다.
자애로운 소문이다.

오랫동안 맡고 싶은 땀 냄새
멀리 밤바다에 빛나던 윤슬이다.
갈증의 소금산을 넘어가던
물 한 동이다.

희미한 이름 석 자를 찾아
남아있는 세포는 백 년의 무덤에서 돋아나는
소름을 기다리며
가슴에 칼 한 자루 얹고 누워있다.

겨울, 연밭에 가다

관곡지에 가서 보았다
물의 힘으로 피었던 연잎들의

꺾인 목울대가 주제였다.
물을 버리고 서걱거리는 마른 잎들이
쌀쌀한 죄목에 고개를 꺾고 있었다.
늪을 건널 수 있다고 믿었다.
푸른 잎 피워놓고
바람 휘젓는 대로 흔들리다 보면
인연은 푸른 한 잎
그늘로도 견딜 수 있다고 믿었었다.

죽은 무지개
쇠사슬에 묶인 딱정벌레

그날의 이승에서 만나는 모든 쓸쓸한 풍경들
언제 한 번쯤 깔깔거렸던 곳일 것이다.

갈라진 연못 위 허수아비
칼을 쓴 죄수의
초탈.

은빛 바다 외 2편

금빛 바다로
매번
착각을 했다

넘실거리는 파도 속
은갈치 떼가 소풍 나온 듯
유난히 반짝이는 은빛 바다

빈 레일 위로
트레블러의 기적만
허공을 가른다

太陽

환한 얼굴이
삭풍에 그늘지네

옷깃을 여미며
포켓으로 자연스레 손이 간다

찐빵집
피어나는 수증기 넝쿨

띠뜻한 행복에
분주한 발걸음의 시선

봉다리 한가득
엄마 품으로

여백

해가 뜨고지고
달이 뜨고지고
오늘은 햇살이
내일은 구름이
변화무쌍한 세상 속에
나라는 존재가
여백의 한 점이었네
점이 모여 다시 여백으로

초대시 2

김철규

그늘 꽃 외 2편

거친 파도 몰아치고
북풍한설 내리쳐도
혼불처럼 붙어사는 천년 바위 속 그늘 꽃

사계절 푸르름 펼치며
칠흑 같은 어둠에 어진 매질을 당해도
한 줄기 빛을 향해
당차게 행진하는 그늘 꽃

태초로부터
줄기차게 삶을 이어온
경이로운 그늘 꽃

내가 가없이 사랑하는
그늘 꽃

매화

세월이 끌어 매어도
타는 마음은 붙잡지 못하리
지조와 절개를 향으로 빚은 것을
어찌 그리하리

기개는 하늘을 우러러
엄동의 세월을 부르고
봄의 여신이 기지개를 켜는데
어찌 그리하리

만인이 연모하는 매화는
천고千古의 향이고
만고의 지절志節인데
어찌 그리하리.

바다를 바라보면서

유년 시절의 바다는
물장구치는 놀이터였다
때로는 수평선을 넘어
더 멀리 나래 치는 꿈 터였다

청소년 시절에는
광야의 대지를 소망하며
자유로이 날아가는 새들처럼
미지의 세계를 꿈꾸는
무지개 밭이었다

삶의 이랑에는
절망과 소스라치는 굴절도 있었고
고요와 세찬 파도가 겹치는
아픈 역사도 있었다

바다는 늘 그렇게
나를 조정했다

경청 외 2편

세상이 이만큼이라도 순환하는 건
서로에게 귀 기울이기 때문
마음으로 듣기 때문

마음으로 들으려면
우선 비워야 한다고

밤은 낮에게 낮은 밤에게
한 치의 어김없이
거스르는 법 없이
자연과 우주의 질서에 순응하기

손사래에 닫힌 상처를 딛고
자연이 가르쳐 준대로
만물의 소리를 마음으로 듣기
들으려는 마음 열기
진실로 입을 열기

끝물 열매

-끝물 열매는 오죽잖아
사람도 그렇지 않은가베-

여럿이 어울려 고추를 따던
늦은 가을
그러나 나는 아니야

가장 마지막 것이라서
더 단단하고
더 힘껏 밀어내는
고춧대의 힘이 느껴지는 걸

고춧대의 가녀린 소망처럼
끝물 열매에 주는 사랑처럼
눈물겨운 것
우리들 삶에도 부지기수로 있어서
안쓰러움으로 남아
어머니의 가슴 밑바닥 깊은 곳으로부터
불가사이한 힘을 내게 한다

금강송2

울진군 구룡계곡 가는 길
금강송 군락지의 나무들
노란 페인트 완장 두르고
나라가 부르면 목숨 바칠
병정들처럼 서 있다

궁궐의 기둥, 고찰의 대들보
살아서 천 년, 죽어서 천년 영화를 이어가는
소나무 팔뚝을 가만히 쓸어본다
결 곧은 기상을 그에게서 배운다

솔향기 지천인 부드러운 흙길
백두대간 낙동 정맥을 따라가노라면
매끈하게 뻗어나간 금강송의 자태
능선은 지금 갈맷빛 물결로 출렁이고
금강송 너만은 굽힐 줄을 모른다.

김현찬

장마 외 2편

분별없는 폭우로 풍비박산
천둥 번개는 개선장군의 변주곡
수마의 추상화 메꾸는 지푸라기 인생

푹푹 찌는 더위 여운남기고
'伏'이란 업드려 굴복한다는 의미
짙푸름 속 온몸 울려 정막깨는 매미소리
귀뚜라미 나직나직 매미들의 장송곡

장마의 심술은 아직 끝나지 않는다
태풍을 불러모아 지구를 뒤흔들어
한철로도 자성의 만방을 뒤바꿀 위상
사람도 자연을 닮아가려 아우성이던가

소나기

올여름도 무더웠네
빗소리 기다리기도 했지
무지개 희미한 기억

이젠 너무 요란해서
갸녀린 풀잎들 울부짖는 소리같아
멈추어 주오! 분노의 햇살은

수숫대속 소나기가 그리워 지네

능소화 피고지고

수줍음 볼그레 모습보고
반가이 감싸안은 빗줄기
뾰족뾰족 시샘하는 잎새에
부귀영화 한 여름 밤 꿈
고귀한 한송이 떨구며
돌아선 그 마음에
하얀 눈 쌓인 담장길
마른덩굴 펼친 기다림

아내의 실루엣 외 2편

김화영

사랑하는 사람에게
슬픔과 아픔, 외로움을 남기는
그 애잔한 안타까움을
고개 돌리지 못하는 정情

차마 두고 갈 수 없어
구천에서 헤맬 것 같아
아내의 마지막 가는 길
슬픔과 좌절의 배웅

내가 감당해야 할 책임을 다하고
홀가분하게 떠날 수 있기를
소망하는 마지막 소원
이룰 수 있다면

여한과 아쉬움, 후회와 그리움
회한과 미련 모두 버리고
탐욕과 아집도, 버거운 짐이 되리니
현생의 모든 매듭 풀고서 가자

멧새의 깃털처럼 꽃구름처럼 훨훨 날라
미리내 출렁이는 별빛 속에서
기다리는 내 아내의'실루엣'

그토록 아름다운 영원의 별을 쫓아……

옛집

좌절과 외로움에 헤어나지 못할 때면
울적한 마음 언제나 찾았던 곳
간절한 그리움 안개 속에 휘감긴
비밀처럼 묻어둔 초가삼간 터

한겨울 기나긴 밤 문풍지 밤새 울고
늦도록 공부하는 막내아들 먹이려고
화로에 묻어놓은 고구마 까 주시며
삼경이 넘었는데 그만 자라 하시던

지금도 이명 되어 귓속을 맴돌고
대견하게 보시던 미소 띤 그 얼굴
가득한 사랑담은 엄마의 검은 두 눈
언제나 가슴속 깊은 곳에 남아있지

헐린 집터 사이사이 옛 자취 허허롭고
흐르던 샘물 소리 무심無心속에 아련한데
부모·형제 자취 찾아 헤매는 수구초심!

밥 짓는 마을

기적소리 산 넘어 골마다 은은하고
해거름 하늘에선 눈꽃이 내리네
온 동네 하얀 세상 물드는 황혼녘
잠포록한 산골짝 바둑이 짖는 소리

모이 찾아 눈 헤집던 까치 발자국
추녀 밑 고드름 따 우둑우둑 먹던 기억
아련한 그리움이 굽이굽이 쌓여있는
추억의 강물은 지금도 출렁이고

내 고향 초가집 옹기종기 여섯 채
물동이 이고 가는 엄마 모습 그립고
저녁연기 굴뚝마다 모락모락 솟을 때면
구름발 사이사이 노을 짙던 곳!

남금희

뉴 사피엔스 외 2편

여우는 여우끼리
사자는 사자끼리
머무는 영역이 있다

사각의 벽 안에서
사람도 같은 사람끼리
팔을 걷어붙인다
전원 켜고 눈길을 고정시킨다

클릭 한 번에
멸치 떼처럼 몰려오는 정보의 미끼들
쳐서 토해내거나 목을 빼
영역을 표시한다

새 창을 열면
둑 터진 물줄기가 콸콸 쏟아진다
눈발 속에서 썰매도 타고
우주선 등짝에 달라붙어 유영도 한다

장난감 큐브를 돌려 맞추듯
헤치고 모으는 명령을
솟아오르는 버섯구름을
손끝이 달깍, 말한다

외출

군청 직원이 데리고 온
그 사내는
병원 안에서만 맴돌았다
창밖을 내다보며 자주 중얼거렸다
복권 사러 가야 한다고

간호사는 흔들리지 않았다
주위사람들은 한 귀로 듣고
고개를 돌렸다

복권이 필요하다고 말하는
그를 설레게 하는 건
복권 사러 가는 외출일까
당첨되는 꿈일까

밑돌 빼서 윗돌 고이는 뭉게구름
목을 늘이는 땅 끝에서
서편 노을을 당기듯
돛을 올리듯

그는 어둠의 밧줄을 타고
창문으로 나가버렸다

저녁 무렵

노을 지는 먼 산
능선이 또렷해졌다

전화를 하면 여전하던
그의 목소리
없는 번호라는 안내가 나온다

뜸했던 잠시
그가 사라졌다
이슬 마르듯

급하게 다 놓고 갔을까
편안한 미소로 기다렸을까
눈 한 번 감았다 뜨는 순간을
인생이라 일러주지 않고

코앞만 보고 살아온
손이 시리다
빈 가지에 내려앉던 새들도 떠난
들판은 어두워졌다

구름다리 건너 하늘 저편에는
고향 집에 놀러 오라는 듯
하나 별의 눈이 더 자주 깜박인다

어미 잃은 고라니 외 2편

산 밑에서 가축 농장을 운영하는 부부
어느 날 똘에 빠진 새끼 고라니 주워다가
먹이주고 키우니 주인과 정들었네

풀도 뜯고 혼자 살아갈 정도 되어
주워왔던 숲속으로 데려가 놓아주니
주인 부부 떠나려 하지 않네
놓아주고 농장으로 데려오기를 거듭하다
그날은 풀어놓고 몰래 도망와 버렸다네

새끼 고라니 안쓰러운 생각에 농장 부부
한 삼일 지나 놓아 준 숲으로 찾아가
이름 불러보았네
애타게 여러 차례 불러 보았네
한참을 기다리니
그 새끼 고라니 나타나 부부 품에 안기네

가져간 먹이주고 다시 헤어지려니
섭섭하여 말을 잇지못하는 부부
무사한 고라니를 확인하였으니

독한 마음 먹고 다시 도망쳐 오며
마음으로 비네

부모 형제 만나 오래 오래 잘 살아라
길들여지지 말고 타고난 자유를 누려라

옥정호 구절초

은백의 설원 꿈꾸며 떠나는 사람처럼

새로 난 꽃바람 순정문順貞門 지나
접초꽃 사열 속에 길따라 오르면
구절초가 순백으로 수놓은 설원
코스모스 해바라기도 흥을 돋운다

물안개 낮게 깔리고
발그레 동이 터오는 새벽이면
꿈결 같은 세상은 펼쳐지고
옥정호 품은 향이 온 몸으로 감싼다

아홉 고비 넘어 핀 절의節義의 꽃
우리 엄마 수틀에도 피어났던 구절초
베개 속에 그 향이라도 간직해야겠다

어느 여름날

숲속의 맥문동 꽃대들이
파랑 물비늘로 출렁이고
우뚝 솟은 나무들은 뙤약볕을 견디느라
늘어져 하품하며 졸음에 겹고
야영장의 야외무대
기타 소리 요란하다

부채를 흔드는 사람 곁에 슬그머니 끼어들어
신발을 벗어 놓고 멀리 온 발을 쉬게 한다
발등이 간지럽다
모기 한 놈이 배를 채운다
따귀를 때리는 대신 꼼지락거려 쫓는다

늙은 나무 가지 속살 썩은 자리에는
이끼와 어린 망초가 힘을 합쳐
그늘을 밀어낸다

썩은 살도 내어주고 먹이는 그 일
돌아보면 숭엄하다, 서로 돕는 목숨들이

꽃물 외 2편

팔 벌린 떡잎
잎새 돋아나고

꽃 피어 품으면
사랑도 익어간다

조롱조롱 맺힌 사랑
잉태를 품고

성난 볼 딱지 건들지 말라
꼭 다문 입술

봉숭아 꽃물 번지면
곱디고운 손녀 손톱엔
빨간 꽃이 피었다

꽃피고 잎 진자리
누런 잎 허물을 훌러덩 내린다

가을 소리

스치는 바람 한 줄기에
계절이 익어온다

오지 않을 것만 같던
가을 냄새
가을 숨소리

힘겨웠던 여름 한낮
기억에서 희미해져 가면
아름답던 어느 가을날이
소환되어 스민다

이미
예약 끝난 시월 여행
기다림으로
가을의 술래가 된다.

인연

눈꽃 바람머리를 헝클어 댄다.
어떤 인연은 눈 날리듯
떨어지면 녹아 흔적도 없다

시름시름 마음 앓이처럼
인연이란 짧게, 또는 길지만
온전히 머물지는 않는다

사람과 자연도
끝없이 함께할 수 없는 것
인연으로 왔다가 때가 되면 숨어버린다

마음 주머니 헐렁해도 괜찮다
털어내면 채우기 시작하겠지!
공간 비우고 채우는 것뿐이야

점점 커가는 그와의 거리
어디서부터 시작인지 모른다
억지로 엮으려 애쓰지 말아야 한다.

인연이란 그런 거야
그냥 있는 것

초대시 2

박강남

사람도 꽃이어라 외 2편

꽃은 향기로운 동공 만이라서
온몸으로 사람을 본다

봄 같은 그 풋풋함이
끝없이 이어질 줄 알았던 오해 속에

내 삶이 연분홍 꽃너울 같은
그 때는 알지 못했어

연둣빛 아이들 웃음소리
떼구르르 구르는 게
결코 잔잔한 일이 아니라는 것을

산벚꽃 피는 봄엔
사람도 꽃이라는 것을

동백을 모시다

흰 동백은 귀하다 하여,
분홍동백은 귀족적이라 하여
마음에 차는 꽃은 해가 갈수록 사랑도 깊어
이른 가을에 두 가지 빛깔을 다 모셔왔다

혹여 웃자랄까
12층 베란다에서 하루하루치 햇살과
쓸쓸한 영양
한겨울 폭설을 견디게 했다

가끔은 태백준령을 넘어온
바닷바람도 들이쉬었을,
남녘 햇살도 출렁이며 넘나들어
건강한 맥박소리에
흰빛 꽃은 처연하고
분홍빛 꽃은 우아하여 모두 반할만 했다

누구도 꽃 피울 엄두 내지 못할 때
환한 봄빛 몰고 와준
동백, 동백꽃아

어둠, 맞닥트리다

저물녘 낮은 산 두엇 뙈기 과수밭

낮과 밤의 행간에
가느다란 뿌리를 내리는 날실
바닷물처럼 차오른 씨실이
보일 듯 만져질 듯

온 사위가 산으로 둘러싸인 그곳에
폭 너른 까만 피륙이 치밀하게 짜인
알아채기 힘든 어둠의 실체
신비한 충돌이다

그 후로도 몇 번 찾아갔지만
한 올의 나신도 보여주지 않았다

매일 내리는 어둠이어도
다시 만나기 어려운,
우주가 숨기는 일

박두련

難場의 시절 외 2편

푸른 하늘 얹고 살던 옹달샘
미꾸라지 한 마리 구정물 만들더니
올챙이 모여 그 속에서 자란다

벼가 넘실대던 찰진 논
병충해에 괴롭고
잡초는 뻘 논이 좋다고 난리법석이다

제철 지나
개 폼 잡고 있는 허수아비
참새, 떼 지어 어깨에 앉아 소란스럽다

조석 찬바람에
무뎌진 햇살, 낙하하는 나뭇잎
발등에 뒹구는 소리 시리다

조선소

초록의 향연
우거진 여름 불 볕 더위
내가 선택한 삶의 일터 조선소
땀방울 범벅으로 하루 열정 불 태운다

용광로 쇳덩이 같은 조선소

뜨거운 사랑
단단한 사랑
강력한 사랑
뭉치는 사랑
장엄한 사랑
위대한 사랑

용접공이 한 조각 사랑을 용접하면
불꽃은 웅장하고 멋진 선박 되어
오대양 육대주로 떠날 준비 서두른다

벽방산 가을

산이 온통
단풍 절창이다
사랑을 예열하는
해맑은 그대 미소다

갈바람 따라 곱게 물든 발걸음
모두가 오미자 붉은빛 입술이다
상수리나무 위 하늘다람쥐
도토리 볼우물로 기분 상쾌하다

녹이 쓴 내 육체는
숨 가쁨으로 게르마늄 온천수

산 정상 오른 사람들
단풍처럼 곱게 물결치고
멀리 크고 작은 섬들이
구름을 타고 산마루에 오른다

환희의 계절
사람들은 호시절 영원을 꿈꾼다

박순미

동행 외 2편

발왕산 케이블카에 몸을 실었다
굽이굽이 눈꽃들의 향연은 환호성을 부르고
정상 쪽에 보이는 나뭇가지는
이슬 잔뜩 모아 만든 보석으로 빛을 흩뿌리고 있다
마치 웨딩드레스의 구슬처럼 눈이 부시다
멘델스존의 결혼 행진곡이라도 울려 퍼질듯하다
길다면 길고 짧다면 짧은 인생길이라는데
39년이 지난 지금, 축복의 음악처럼 행복하다

우리의 삶을 엿보는 강산이
울긋불긋 꽃무늬 옷을 갈아입을 때도
빗물에 온몸을 적시고 있을 때도
주말이면 우린 배낭 메고 산을 찾았다
비지땀 흘리며 오르기도 하고
체인아이젠 신발에 묶여 오르기도 했다
녹음 짙은 산행에서 만난
쐐기풀나비의 애벌레가 맺어준 인연,
누가봐도 우린 노부부의 모습이다

번개 모임

꽃 피면 꽃 핀다고
비 오면 비 온다고
단풍 들면 단풍 든다고
눈 오면 눈 온다고
흐리면 흐리다고
맑으면 맑다고
바람 불면 바람 분다고

수많은 핑계를 댄다
핑계 없는 무덤 어딨겠냐만
오늘은 복권 당첨이다
만 원이면 어떻고
십만 원이면 어떠하리
애들처럼 모이는 게 중하지
마스크도 벗었는데

해마다 단 한 번의 약속을
어기지 않는 푸른 이 계절에

헤쳐모여

꽁꽁 얼었던 날이 살짝 풀린 날
김치냉장고 구석에
움츠리고 있는 마늘을 꺼내본다
추웠는지
서로 부둥켜안고 있다
잘 버티었노라고
초록 손을 내민다

삼라만상이 깨어난다는 경칩
텃밭 한 귀퉁이에 고랑을 내고
한 줄로 세워본다
이미 텃밭에 자리잡고 있는
봄바람과 악수하는 손이
솜털처럼 부드럽다

서로 경쟁하면서
실한 육쪽마늘 되어
겨우살이 준비하는 가을, 또 만나자

길 외 2편

퇴사 통보를 받았다
이어서 건네주는 잔엔
텃밭이 뭉개진 폐가
불편할 기색을 담아
오프너로 병뚜껑을 제쳤다
알코올과 차오르는 기포 사이
엉망진창으로 쏟아지는 순간엔
누구나 살아있었지
밀어붙이던 안간힘은
톡 쏘는 맛으로 개기다가
끝에 다다른 뒤 끝이 없는 줄은
욕실 거울에 비치는
구겨진 주름을 보며 알게 될 것이고
간혹 여기저기 섞여서
무난하게 묻혀가길 바라지만
체액이 빠진 물집 같이
형광등 아니면 어스름 속으로
사라지는 순간들
어차피 이 세계는 내가 없어도
길엔 사람이 가득할 테니까
공원 벤치가 커져 보일 내일은
덜 익은 독백을 흘리면서
잃어버린 길을 찾겠지

조왕의 꼬리

겨울 끝자락 불로 시장 호정 식당에 주태백이 성기는 막걸리 한 병으로 오후를 메우는 혀가 짜부라진다

— 아지매, 술 좀 더 주소
— 어이구 지겨워라, 손님 좀 받게 그만 가

화덕 지키는 헤스티아와 곧은 항렬 조왕신 발 디딜 공간의 부재로 찬 방바닥을 형광등이 낯설게 더듬고 먹다 남은 오징어가 사리 물며 솟는다 빛바래고 닳아버린 구두굽만큼 낮은 천장 아래 빈 소주병 찌개 냄비 어둠과 내려앉은 적막을 창틀 문이 깨트린다

식당에 가서야 볼 수 있지 낮술에 취해 주전자 찌그러진 일도 어느 집 며느리 가출한 얘기도 태운 나무가 쏟는 부서진 얘기는 입김 분 유리에 흐린 손자국으로 흐느적거리는 너를 잡을 수 있을까 아궁이에 불 꼬리만 흔들린다

기도했던 날

반월당역을 지날 때면
꿈 밖에 서서 꿈꾼 날이

꽃샘추위 속 판독 사진엔
검고 깊은 몽우리가

길은 엇갈리기 마련이지만
먹구름의 산란처럼 두엄물 번지던 하루는
대기권 밖 위성 쓰레기처럼 떠돌았고

쪽방 병실에서 잠들었을 밤엔
대신 죽게 해 달라는 염원은
선택 위의 선택

칠곡 경대병원에 주저앉아
네 영혼을 향해 기도했던 날이

박우민

갈대 외 2편

그냥 무심히 지나쳐 주기를
기대하는 마음조차 바램인 게지
강풍이 불면 부는 대로
흔들리는 몸짓이 거부인 것을

하얗게 세어진 마음 갈래를
갈무리할 수 없는 그 까닭은
채워갈 그 무엇도 남아 있지 않아
빈속만 흔들어 놓는 공허한 웃음

햇살을 실어가는 물결의 윤슬
그 빛에 눈 부셔 외면하듯이
함성 같은 흰 손들 높이 쳐든다

바람은 저리도 불고 있는데

너의 생각은

갑작스런 변화는 해일처럼 덮쳐와
말로 전하던 메시지를 속까지 파헤쳐
순식간에 세계 곳곳에 뿌려버린다

빛보다 빠른 정보 플랫폼을 눈앞에서
놓친 건 이정표를 읽지 못한 탓
블록체인과 비트콘에 허둥거리다
챗GPT의 선전포고에 당황스럽다

미로의 기호에 끌려 다니다 멍텅구리
시작은 나의 생각
결론은 누군가의 설정가

기계와 인간의 대등한 융합이라니
생각해 보면 '모른다'는 말은
눈물겹게 정겨운 사람의 언어

10월, 하현달

9월 한가위 만삭이던 보름달이
누런 들판과 단풍을 해산하면
조금씩 야위어가는 하현달
핼쑥한 여인의 얼굴이다

자신을 비우며 작아지는 마음
존재의 소멸 아닌 축복이기에
10월의 하현달은 오늘도
자신을 한입 깨물었다

사고 외 2편

색다른 주체성을
일깨워 품고 가는
다른 주관을 섭취해

또 다른
일념으로
달구어진 하루

푸짐한 식욕
얼토당토한
사고

모두가
허사
모래성을 쌓고 있네

일상

눈 뜨면
달려드는
고난

잠시의 쉬임
뒤로하는
일상

어쩔 수 없는
두려움
계속되고

그렇게
단념하는
오늘

꿈같은

낮 뜨거운
행위를
서슴지 않고
즐기던 정욕

얼마만큼
달아올라
덩달아
용솟음치던 욕정

꿈인가
생시인가
구분이 아니되
구름 위를 거닐듯

오늘도
거니네
꿈같은
그 길을

박후자

몽돌 외 2편

베란다 시멘트 연못 속
검고 흰 몽돌을 청소하다가 문득
이곳은 네가 있을 자리가 아니다
너는 파도와 바람과 더불어 노래하던 생
수만 년 흐름의 역사를 보고 들은 너
제 노래에 지쳐
손발 자르고, 눈감고 귀 닫아
안으로만 향한 생의 끄트머리
명상의 경지에 올랐더냐
지금도 좌정하면
좌르르 ~착
푸른 바다의 파도 소리 들려 오는가
아직도 잃어버린 구름을 찾고 있는가

면도

당신 몸속에
뜨겁게 식어가는 생명이 자란다
어제오늘 곧잘 자란 수염
얼마나 많은 바램과 절망 성냄이
깎이고 돋아났을까
소멸해 가는
당신 기억의 끄트머릴 잡듯
오른쪽 뺨부터 턱밑까지
까칠한 자리마다 비누 거품을 묻힌다
내 손에 순응하는
고집 센 수염
말끔히 밀어내어
새롭게 돌아온 당신의 얼굴
나의 어린애.

처서 지난 어느 날

체육공원 운동기구에 매달리다 말고
하늘을 보네
파란 셔츠가 잘 어울리는 훤칠한 남자의
맑은 눈매
휘파람 소리 귓가에 스쳤으면 좋겠네

멀리 있어 더욱 가까운
그 남자
내 가슴에 한 점 뭉게구름이겠네.

폐업 신고 외 2편

우린 근사한 스시 집에서 담담히 식사했지요.
어차피 내 것이 아니었거든요
책상머리 궁리로 문을 열고
그럴싸한 핑계로 문을 닫고 그냥
갈피 모르는 바람처럼 그 문 앞을 서성였어요

살다 보니
덜컥 저절로 닫히는 문도 있더군요
엄청난 먼 하늘의 속내를 누군들 알겠어요
절대로 폐업신고서를 베끼지 않았는데도
우린 문 안팎으로 나뉘었어요
무엇이 순간을 스쳤을까요
지구의 어휘가 점점 어눌해지는 틈을 타
도처에 떠다니는 글자 몇몇이
문을 닫기도 열기도 하나 봅니다
별바라기 하듯 매일
동아줄 한 가닥 질깃 걸어 둡니다
밀고 당기고 소리쳐 두드리면
닫힌 문 다시 열릴 수 있을까요.

다락

늘 닫혀있는 멋진 그림의 안방 다락문을 열고
발가락 부러지도록 타잔처럼 오르면
허리 구부린 아늑하고 짜릿한 공간
꿀 병 산자 바구니 묵은 사진첩
차곡차곡 누런 한문책과 알 수 없는 서양 그림책들
어른들 한약 냄새가 나기도 하고
높이 얹어두고 싶은 물건들 비밀리에 모여 편안하던 곳

엎드려 턱 괴고 킥킥
다락 창문으로 내려다보는 마당풍경은 더 재밌었지
척척 수돗가에서 일하는 양님 언니
반들반들 장독대의 바쁜 엄마 행주치마
댓돌 위에 가지런한 할머니 흰 고무신
앞집 아줌마 조석으로 마실 오는 조금 열린 쪽문
중문 문지방 너머 빗장 무거운 대문도 한눈에 보이고
나는 으쓱으쓱 금세 대장이 되었지
어딜 가 찾나 새큼달큼하던 내 어릴 적 아지트.

화석

저 말랑한 것들도 언젠가는 화석이 되려나
꽃구름 하늘 무심코 내뱉은 말 한마디
변화무쌍 흔들리는 생각까지도
천만번의 동요와 다독임과 분노와 체념이 출렁여
무념무상 차갑게 굳어지려나
그래도 속은 여전히 말랑하겠지

남편의 매가 무서워 서울로 도망 나온 문간방 아줌마
평생 가슴에 돌덩이 하나 매단 채 산다고
늘 명치를 쳤지
의사 여럿이 현미경으로 들여다보며
화석 연구하듯 했지만
결국 화가 굳어 못 고친다는 말만 들었대.

초대시 2

서동안

됴화桃花 좋을씨고 외 2편

꽃부터 풀어 놓은 네 낯빛이
붉고 뜨거운 입김으로 가득한 것을 보니
필시 저를 물들이고 남은 빛으로
나를 물들이고픈 게다
내 낯빛이 어디가 어떠냐고
푸른 허공을 유영하며 지상을 향하여 하고픈
말이 많은가 보다
필시 그렇다 하더라도
너희들이 흘리는 말, 한 마디도 알아들을 수 없는
너희들의 색깔에
시시비비 어떤 의문도 두지 않는다만
한 치의 머뭇거림도 없이
낙화해야 또 다른 생을 얻을 수 있음에
따로따로 익힌 향기는 우주의 중심이 되어
저를 물들이고 나서야 나를 물들이고픈
저 빛을 두고 환장할 됴화라고 했던가
너희들의 마음을 날쌔게 물고 가는 바람결에
일일이 사라져버린 기억 어디쯤
청 보리밭 있을 것이다
청 보리 필 무렵쯤이면
요염한 낯빛으로 또 날 유혹하겠지만,

옹기가 있는 풍경(2)

세월의 나이테가
덕지덕지 내려앉은 거기
굽이굽이 마다
후렴처럼 찔레꽃이 피었다
물레 잣던 사람들은 어디로 갔는지
바람만이 타닥타닥
불꽃으로 일어나는 거기
밤의 어깨를 딛고 일어서는
도공의 눈 속에 찔레꽃이 피었다
오월의 어머니 눈 속에도 찔레꽃이 피었다
천 년 전부터
끼니를 걱정하던 그날까지
도자기가 되지 못한 옹기는
오월의 어머니 장독대를 지키며
원망과 미움까지 다 받아들여
흙의 기억으로 되돌아가는데
잿빛 닮은 도공의 한 맺힌 숨소리까지
오월의 어머니 한 맺힌 숨소리까지
인생의 후렴처럼 모두 옹기에 담아서
찔레꽃에게
도란도란 말을 건네고 있었다, 거기

장미꽃 피어 있는 섬

유월의 문을 열고 들어가
한 뼘 누울 자리마저 비좁은
섬마을 담장 옆에 핀 장미꽃
떠나간 누가 장미꽃을 심었을까
굳게 닫힌 사립문
열릴 생각이 전혀 없는데
담장을 넘어 온 저 꽃
아마도
사람이 그리워서 담장을 넘어 왔겠지
여름빛으로 물들어가는 그 섬에
밤새 비가 내리고
긴 빗소리 밟고 오는 손님이 있어
그래, 고향집 버리고 새로 터 잡은 그곳은
어때, 살만 하더냐
장미꽃에 안부 묻는 그 사람들
뱃멀미 짧어지고
아직도 먼 길을 가야 하는 데
허기진 삶이 익숙한 듯
저 홀로 빈집을 지키는 장미꽃
아침 이슬에 낯을 씻는
그 섬이 안쓰러워
뱃고동이 서럽게 운다

송
승
태

황홀한 블랙홀 외 2편

무중력 진공 상태란
이런 것일까
두 번의 주말을 갈피에 끼운
십 년만의 휴가
돌아온 일상의 스무날이
장대비 스무 방울 정도라면
온데간데없이 사라진 거라면
아닌데,
머릿속을 뒤져보고
구석구석 긁어봐야지
그런데 뒤질 것도 긁을 것도 없이 증발한
감긴 눈 속의 행성들은 뭐고

무중력 진공 상태란
이런 것이겠지…
금 간 베어링을 회전하는 의자는
시끄럽기라도 하지
눈 속의 행성은
오라는 건지 가라는 건지
피고 돌고 지고 돌고

무엇이 얼마나 바뀐 지도
바뀐 것이나 있을지 모를 지점에
투하된 결재판
숨의 지름이 반절로 줄고
풀린 손가락 사이로
새어버린 스무 방울
정말 오랜만의 황홀한 블랙홀

〈동시〉

소나기

물총싸움 좋아하지만
등 뒤에서 쏘는 건 싫다.

비 오는 것도 좋아하지만
느닷없이 쏟아지는 건 싫다.

우산도 친구도 없는데
운동화 속이 질퍽거린다.

오늘은 뛰어갈 테니
다음부턴 미리 좀 알려 줘.

〈동시〉

파도

얘야, 고개 들어봐.
너는 파도가
왜 치는 줄 아니?
바람이 불기 때문이야.

바다는 큰 바람이 불면
거센 파도를 일으켜
플라스틱, 비닐, 쓰레기를 토해내.
썩은 물, 맑은 물을 합치면서.

그럴 때면 바다는 비명을 질러.
상처를 감싸 안는 소리,
빨리 낫고 싶다는 소리,
더는 앓고 싶지 않다는 소리지.

얘야, 바람 불면 두 팔 벌려
네 마음 속 묻어둔 상처,
아픈 것들 모두 날려 보내렴.
파도가 몰아치는 바다처럼.

수건의 독백 외 2편

색상으로 구분되는
부류는 많다

나는 다르다
이름이 있다
이갑순 여사 칠순 기념
이름을 부여받고 자아가 생겼다

사람들은 나를 도구로 사용한다
나는 사람들을 관찰한다

누군가의 땀이 나를 적실 때
내 삶은 비로소 가치가 있다

사람들의 일과는
나를 거치며 시작되고
나를 거두며 마무리된다

그들은 내일을 기약하며
잠이 들지만

나는 누군가의 손길이 닿아
네 번 접힌 몸이 펼쳐지기까지
밤을 지킨다

수건의 독백 2

그 하루 무덥던 날
깃발처럼 펄럭인다
이갑순 여사 팔순 기념

자유란 무엇인가
자유란 지켜야 하는 것
억압받지 않고 살아가는 것
푸른 하늘 온몸을 쓰다듬는 햇살에
마음껏 꿈을 펼치는 것

모든 것들의 저녁
노을 걷는 손길 따라
햇살 스며든 향기
선과 선이 만나는
낮고 푹신한 회복
자신감

다행이다
아직은 돌아갈 집이 있다는 것은
내 몸에 선명한
이갑순 여사 팔순 기념

달의 뒷면

자신을 선전하기 위해
혈안이 되어 있는 자는
불행하다

모함이 있으니 오해도 있고
거짓이 있으니 과장도 있고
이간질도 있다

사람의 가장 취약한 부분을 파고드는 유언비어
가공의 세계를 구축하여 거짓 토대를 쌓고
진실이 밝혀진 이후에도 이미 만들어진 허상을
부숴버리는 것이 절대 쉽지 않다

천강유수천강월
천 개의 강에 천 개의 달이 비추어도
달은 오직 하나

우리가 찾는 진실의 그림자
침묵, 그대는 이 잔을 마실 수 있는가?

신재미

봉황산을 오르다 외 2편

은행나무 길 걸어 멈춰 선 곳
천 삼백 년 역사를 품은 부석사(浮石寺)
처음 방문한 곳인데도 봉황산 기운 깃들어
오랜 인연을 이어온 듯 아늑하다

배흘림기둥의 고상함에 숙연해진 마음
자인당 뜰에 서니
산과 사찰을 잇는 허공에 뜬 돌
비스듬히 누워 이방인을 맞이한다.
선비촌에서 따라온 품새
마음을 도인으로 만든다

천년고찰 웅장함에 취한 영혼
신비한 세상을 만난 듯
미세한 소리에 귀 열리고
입이 열렸다

본래 이 육신 머물던 곳
어느 곳이던가

회룡포

장강을 베고 누운
비룡산의 용 한 마리
하늘로 오르는 길 인도하러 내려온 것인가
허리에 안개 자락 휘감고 꿈틀꿈틀

장안사에 스민 기운
불가의 인연인가
나그네 마음 열어
귓속말하네

풍광에 취해도 백 년
세상사에 취해도 백 년
살아 있는 동안
내성천 맑은 물처럼 살라 하네

유채꽃 만발한 용궁면 회룡마을
금빛 파도 살랑살랑
틈틈이 추임새를 넣는 풍경소리
일찍이 맛보지 못한 황홀함
온몸으로 체험한다

포공영蒲公英

봄이 되면
금빛 해사한 얼굴
우리나라 전역에서 쉽게 볼 수 있는 꽃

금잠초 포공초 안질뱅이 포고영 만지금
많은 별명만큼이나 쓰임도 많은 약초
뿌리와 어린잎은 국을 끓이거나 나물로 먹고
김치를 담근다.
쓴맛이 몸에 좋다는 소문 난 후
차로 즐겨 마신다

젖 잘 나오게 하여 산모가 먹고
종창에 효능이 있어 짓이겨 바르고
해열 해독 이뇨 기관지염 위염 간염 등을
치료하는 약재로 널리 사용된다

민들레는 예나 오늘이나
우리 몸에 유익을 주는 좋은 약재

초대시2

심명숙

빈집 외 2편

어! 어젯밤까지
창문에 웃음꽃 환하게 밝혔는데
모두가 잠든 사이
아이는 훌쩍 커서
세월을 모두 싸 들고 떠났네

청춘의 기침이 고요히 반사했을
그 밤사이

까맣게 그을린 추녀 밑에
세월의 녹이 낀 사연 겹도록
어젯밤 붉게 달구었던 구들장에
온기 식히려
문을 활짝 열어놓고
텃밭에 추억만 심어놓고
모두 떠나갔네

어디로 갔을까!

나이가 익는다

한낮에 안겨 오는
파란 하늘이 장관이다

아직은 순진한 척
나이가 누르고 있어도
가볍게 날아
하늘빛에 익는다

가을 햇살로 나 또, 익는다
몽땅 비워 낸 마음이
꽃망울 터지듯 사무쳐
깊은 호수에 흰 구름으로 떠

산들 하게 흐르는
송사리 떼 등을 타고
세월을 고요하게 헤아려간다.

새벽 기도

꽃향기 흐려지는데
여전히 졸음에 겨운
시인,

밤새 글 한 줄 쓰지 못하고
깜빡이는 전등만
탓하는 사이
눈자위에 어둠 피었네

눈 비비며
새벽허리 타고 오르는
나팔꽃,
나무가 되기 위해
새벽 기도 짙은가?

반 뼘쯤 열린 창틈으로
새어드는 바람
어느새 푸르게 물들었네.

땅따먹기 외 2편

부잣집 마당에 동그라미 크게 그려 놓고
병뚜껑 가지고 가위 바위 보
한 뼘씩 땅따먹다가 싸움이 붙었다

내 땅이야,
아니야 내 땅이야!
목소리 높아지고 울음이 터져나오자

네 이놈들!
그게 어디 네 땅이냐 내 땅이지!

사랑방이 열리고 영감님 호통에
손 탈탈 털고
돌아서는 아이들

종일 빼앗은 땅
순식간에 사라졌다
흙 묻은 손이 눈물을 훔친다

발자국

어릴 적
석공은 강 모퉁이 바위를 쪼아
동네 어르신들 이름 석 자를 새겨 놓았다

아버지는 오일장 다녀오시며
본인 이름을 찾아내어 어루만졌다

도로가 나고 폭발음에
흩어져버린 자랑스러운 이름들

구조라 백사장
청춘남녀가 남긴 발자국
연신 파도가 밀고 당기며 지우고 있다

당대도 못 지키는 이름들
나는 어디에 내 발자국을 새겨 둘까

도시 어부

찬바람 맞으며 노래하는 팔랑개비
지나가는 시선을 붙잡는다

작은 트럭 한 대
길목에 서서
오가는 사람을 낚으려 그물을 던진다

"싱싱한 꽃게, 동태나 조기도 있어요"

그물에 걸리지 않는
사람들은 그냥 스쳐 지나간다

언제 다 팔고 돌아가나
번번이 헛손질이다

종일 빈 그물 들어 올리며
내일 잡으면 되지 뭐
위로하는 저 도시의 어부

내일이 있다고
바다는 빈손으로 집으로 돌려보낸다

양회올

화火 외 2편

세월은
못 속인단다
나이를 먹다 보니
먹는 나잇값
하는 것을 보면
어떤 때는
내가 나를 봐도
기특하거든요
한바탕 화가
치밀어 오르면
얼른 냄비뚜껑 열듯 열고
화가 식으면
살며시 뚜껑을 닫듯이
세상만사 살다 보니
기쁨도 울분도
넘치면 손해 보는 까닭
이젠 알고 산답니다

무인도

저 무료한
수평선 위로
붉디붉게
타오르는
저녁 하늘
그 어깨너머
까만 붙박이
점 하나
눈 깜짝할 사이에
내 시야를 벗어난
섬 하나
아 산다는 것
이렇게 하나둘
잊어버리고
떠나보내고
마지막 날까지
잃어버린 외로운 섬이
된다는 것 아인지

그대와 나는

맨 처음부터
그대가
바람이었을 때
나는
바람개비였구요

그대가
햇볕이었을 때
나는
그늘이었듯이

맞아요

그대가
달였을 때
나는 정말
달맞이꽃이었네요

차콜의 반사 외 2편

기름진 해바라기 밭에서 뛰놀았다
땅은 초록을 딛고 꿈은 구름 따라 발레를 했다

발끝을 세운 스물네 살
총소리에 긴 머리 질끈 묶었다

해병대에 가길 잘했다
매캐한 전장의 연기 마시며 나아간다

우크라이나 여자저격수
나의 전투 명은 차콜Charcoal

목숨이 얼룩먼지 속에서 곤두박질친다
국경을 넘나드는 항전은 말레비치의 추상 실험 같다

숯처럼 나는 점점 끓고 있다
엄마도, 웨딩마치도, 미래의 나의 딸도 기다린다

해바라기에 반사되어 더 환해지던 얼굴
포탄에 허리 굽은 모국어줄기, 일으켜 세운다
다시, 돈바스의 화염 속에서 지워지는 길을 당긴다

성서천의 내일

산꼬리풀도 일어서 바람에 나부낀다
걷기나라의 아침은 무지개 세상이다

킥보드로 달려온 청년이 오 백년 넘은 느티나무에게
이번에는 정말 취업이 될까, 묻는다

큰애와 함께 체력단련중인 가장은 월급이 오르면
아내도 유모차에 쌍둥이를 태우고 함께 걸을 거라고
상록애기줄기에게 자랑한다

늙은 아기 손잡고 숨 가쁜 할머니
목수국 옆 나무의자가 괜찮아요, 쉬어가란다

커피와 빵을 사들고 가는 연인들 앞
개 두 마리가 사철나무에 한 쪽 다리를 걸친 채 볼일을 보자
앳된 처녀는 혼자 붉은 영산홍에 헛기침만 한다

무늬 호스타도 잎이 넓어진다
햇살 오르는 강물에 물오리가 난다
자연은 사람을 위해 그림자 짙어지고
사람은 꿈을 향해 흐르는 물 인양 걷는다

자연세탁소

기술이 아주 으뜸이다
간밤에 돌고 돌던 온갖 냄새
통나무집 물레방아는 잣 향기로 닦는다

좌표가 말끔하다
여기까지 달려오느라 두툼해진 나무기둥 사이
거친 껍질 벗고 치유의 숲에 누웠다

안개 강 건너
등 굽은 속앓이 심호흡으로 토해낸다

내딛기 두려운 무릎은 말랑한 연골이 솟는지
치익, 칙, 칙 지팡이로 맑은 물을 올린다

얼룩 묻은 얘기들이 처음 듣는 노래의 박자를 맞춘다
부리로 세상을 물어 나르는 새소리는 숲속 오케스트라
속내 깊은 잣 향기 푸른 숲에서 점점 맑아진다

원연희

하얀나비 외 2편

어제는 지는 풀꽃에 앉아
그제는 새파랗게 제풀에 자지러든 풀 무덤가를
나풀나풀 날고 또 나는
흰 나비 한 마리
하늘 샘 펴 나르나
세상 풋 비 펴 나르나
너를 보고 있으면
시 쓴다는 일이 한없이
부끄럽고
번번이 목만 잔뜩 메다 되돌아온 기도처가
부끄럽고
그 어떤 언필로도 뜯고 찢은 가슴의
애절!
어쩌면 따르지 못할 그 눈물의 운율과
말 줄임,

그렇구나!

나비, 네가 진짜 시인이고
너의 시가 새하얀
비통!
애통의 기도였음을

처서

길이 끝이 나는 데까지 똑바로 걸어야 하리

꽃들의 유혹에는 눈길 주지 않고

마지막 한걸음마저 옮겨야 하리, 깨끗이

그분이 나를 불러 보내신 뜻 따라

나비의 춤사위에 한눈팔지 말고

하늘 문 닫힐 때까지 걸어야 하리, 정확히

안으로 끓는 생각 작두로 잘라내고

웃자란 허상마저 모조리 가지를 쳐

한줄기 가을바람으로 넘어야 하리, 의연히

이명

물도 때론
향방 없이 흐르는가
하늘이 송두리째 통절에 든 듯
온갖 슬픔이 급기야는 물구나무
물구나무!

한 세상 외마디로 떠돌던
울음 줄 극도로 낭자 터라니
숲도 하늘도 경계란
경계는 모두 허문 듯
분별없이 아득한데

숲이거나 하늘이거나
거처를 놓아버린 새,
그 먼 곳 새들의 젖은 날개가
한꺼번에 깃을 터는
소리
소리들,

귀가 우짖는가
새들이 우짖는가
뭇 날개로 가득한!

위형윤

이름 없는 꽃 외 2편

홀로 자란 이쁜 꽃
아무도 없는 길목에서
들풀로 자라 꽃을 피웠구나

때가 되면 홀로 내린 빗물 먹고
눈이 오면 눈 솜이 감싸주었고
바람 불면 부는 대로 따라가고

이름 없어도 좋아라
홀로 당당하게
잘도 자랐으니 좋아라
누가 키우시나
그 사랑 어디 봐도 좋구나

허균전

입동에홀로서 있노라니
단풍잎이 우수수 떨어진다
인생이 낙화유수
무상하고 슬프구나

님을 향한 마음은 일편단심인데
정들었던 사람은 온데간데없고
북촌 집터 표시만 외로이 남아
오고 가는 관광객들의
구경거리가 되었소이다

사지가 밧줄에 묶여
광화문 사거리서
능지처참을 당하니
오장 육부 피와 살이 터지니
홍길동전이 나오더이다

압사

모질게도 많이 쏟아진 단풍
겹겹이 쏟아지는데
웬 아저씨가 불이 나게
빗자루로 쓸어버리니
텅 빈 골목 허망하다

피도 눈물도 메마른
단풍잎은 어디 가고
쓸다 남은 한 잎 단풍만이
딩 그르 뒹굴고
인기척을 하는구나

핏방울 한 방울 남기지 못하고
포개고 포개어 압사
숨도 못 쉬고
참아야 했지
어리니까 어른들에게
한마디 못하고
그냥 돌아갔구나

유나영

세월도 개울물 쉬어가듯 갈까 외 2편

전주천변을 끼고
한 겨울의 눈은 내리고 쌓였는데
물은 잠시 멈추었다 흐를 것 같다

세월도
유현에 사무쳐
천변의
물길처럼
아마 멈추었다 갔으면 한다

그래야 기억의 덫에 걸린 것
건져 올릴 것이고
무더기
무더기진 그리움도
화첩에 끼어 넣을 수 있을 것 같다

세월 멈춰있을 자리
사랑도 고운 채
꽃다운 노래 얹을 것이고
전주 천변의 물이 잠시 멈추듯
세월도 그리 멈추는 듯 갈 것 같다

시간을 쫓아서

시간은 달려가고
빈자리
꽃은 바람을 불러 향기를 나르고 있다

그리움이 겹겹이 채워져 있어
도란거리기도 하고

시간 간 자리
희긋희긋 접힌 정 때문에
지워지지 않는 기억을 이루고 있다

까맣게 그을린
온 종일을 지켜보아도 타고 남은 사랑이
허수아비처럼 버티고 와서
나는 아주 먼 구름 속에 묻힌
향기를 쫓아 기웃거리고 있다

만경강 유역에서

그래요
유년에 이 강둑을 동무삼아
걸어 온 자리인데요
세월이 아파 하얗게 번진
나 어린 시절의 그리움이 고동치는데요
나는 고운 유년을 부르고
한번은 꼬옥 끌어안고도 싶습니다
풀피리 가느다랗게 떨려오는
사랑으로
전율하는 자리를 지키고도 싶습니다
물이 들어오고
또 밀리어 나가는
저 물의 반동적 율동 속에서
나는 황홀하게도
꿈으로부터 타오르는
유년에 묻혀
머언 추억에 사무치고 있습니다
동화 하나의 이야기가 웃음 짓듯이
그 황홀한 세월을 펼쳐
언제나 그리운 동무 이름을 되 뇌이고 있습니다

어디로 갔을까 외 2편

아주 먼 날
바람에 실려 날아든 이곳
둥지 틀어 수십 년

큰 대문집, 대문 앞 댓돌
햇살 따라 앉은 쪼그랑 얼굴 두 노인
세월 빗금 절절하여라

빈 박스에 엉덩이 앉히고
매일, 한나절씩 머리 맞대고 하하 호호
엇박자로 놓인 지팡이도 덩달아 들썩들썩

전염병 끝나고
볼 수 없는 두 노인
어디로 갔을까 궁금한데

해맑은 얼굴
노란 민들레 두 송이
고개 맞대고 대문 앞에 앉아 하하 호호

그늘

당산나무
그늘은 늘 서늘하다

신령한 기운에 억눌려
모든 죄 창백하게 고백하고선

“주세요, 주세요
바라나이다”

그늘 깊어 어둠 내리는데
드릴 것은 하나도 없는가 보다

어떤 동행

뭐 그렇게 많은 누각을 짓고 사십니까

병원 문을 나서는 내게
그는 눈앞에서 티끌을 날리며 물어왔다

천성이 방황의 유전자를 간직한 터라
불면증 같은 건 아예 이름조차 모르고
가는 곳마다 흔적 남기지 않고 실체도 없이 산다는 그

매의 발톱으로 용오름을 만들 때도 있지만
때론 잠자는 꽃봉오리 흔들어 깨울 때도 있다며
그리 살다 보면 중심은 절로 잡히는 법이라며 수다를 떤다

오늘은 바늘귀만한 틈새에서
태어났다며 옆에 바짝 붙어 먼지를 날리며 보폭을 맞추는 그
그도 사실은 예민해서 눈에 보이는 것은 다 만져보고 굴려보고
흔들어 봐야 직성이 풀린다고 한다
그래서 가끔은 만삭의 풍선처럼 예민해져 있을 때가 다반사라며
검은 비닐봉지를 공중에 높이 띄우며 수선을 떤다

방향 감각과 원근감도 없이 쏘다니는 그의 집은 허공

마땅한 거처도 없이 그가 생을 마감하여
뼈를 묻을 곳도 허공이라며 내 어깨를 툭툭 치며 중얼거린다

지상에 튼실히 뿌리 내린 사람들
저 하늘을 봐
쏟아지는 햇살 평등한데 왜 서로 벽을 쌓고 그늘을 만들지

패랭이꽃처럼 유쾌하던 그가
한천 사거리를 지나 최 씨 집 탱자나무 울타리를 지날 때
명자꽃 붉은 숨으로 내 귀를 적셔가며 실토한다

나도 때로는 탱자나무 가지에 걸려 쉬고 싶다고!

집에 오는 내내 바람이 불었다

시월을 담다 외 2편

시월 하늘 끌어와
마음 한 줄 널어놓고
발밑에 묻어온 향기로
오늘 하루 그윽하다
옷섶에 안고 온
싸한 바람은 들녘으로
마실가자 부추긴다
햇빛 익어가는
눈 감기 싫은 날
누군가를 위해 남겨 놓아야 할
위안의 시월
한 자락 끌어와
가만히 눈 가리고
시월을 담는다

훔쳐 가지 마

자꾸 훔쳐 가지 마
틈새마다 채워진 엑기스
야금야금 가져가지 마
안개 속에 떠다니는 언어들
곁에서 늘 익숙한 이름들
낯선 듯 찾게 하는, 너는
날렵하던 뇌의 구조에
무슨 짓을 하는 거니

기억의 순서, 숫자
무지갯빛 이야기들
훔쳐 가지 마

어느 날 가던 길 멈추고
미아로 돌아간
기억의 늪에서
여기가 어디냐고, 넌 누구냐고
물을 때
허우적대는
실오라기 같은 기억마저
훔쳐 가지 마

그저 삶의 진리라고
순리라고 설득할 때
고개 끄덕일 수 있음
좋겠어

억새꽃

너의 손을 잡은 가슴둘레 길
억새꽃 물결이 출렁인다
어김없이 찬 서리 살갖 돋는 이맘때쯤
텅 빈 허공을 휘적이는 갈 빛 몸부림
바람은 허리춤을 휘감고
목청껏 불러댄다
나를 부르는가
나를 불러라
억새꽃 정수리에 서리꽃 필 때쯤
양팔 벌려 내가 출렁이겠네

바위를 낚다 외 2편

이
병
연

낚싯대 하나 들고
제주 바다를 여러 날 거닐었다
수시로 입질이 왔다

질펀히 내려앉은 바위
이름 없이 산 것들 줄지어 낚는다
널뛰는 파도를 품었다 놓느라 울퉁불퉁한데
움푹 팬 가슴엔
햇살과 바람과 눈물이 머물러 있다

허공에 힘껏 줄을 던져
깎아지른 절벽을 낚는다
정을 쪼듯 내리치는 물살에 새겨진 문신
상처가 깊을수록
지느러미의 골이 빛난다

덜컥 입질이 왔다 이번엔 정말 크고 센 놈이다

머리를 하늘로 치켜올리고 기둥처럼 떼로 서 있는 놈
하늘이 같이 끌려온다

낚싯대가 휘청인다
함께 쉽게 사는 법은 없어서
세로로 그어놓 은 금이 햇살에 도드라진다

몸에 새겨진 저마다의 사연
바다에서 낚은 것을 바다로 돌려보내고

당신의 마음이 닿지 못하는 날
바위 낚시를 떠나야겠다

수박 속

초록 줄무늬
멀쩡한 수박 한 통

속을 보니
뜨거운 물에 덴 듯
짓물러 있다

괜찮다는 말을
입에 달고 산

엄마의 속을
보고야 말았다

고산 가는 길

곧은 길 놓고
할머니 등처럼 굽은 길
느릿느릿 간다
구룡천 따라
빼곡히 박혀 있는 감나무 길
덧대고 기운 길 간다

휘어진 등으로 하루를 더듬으며
시래깃국으로 삭은 몸 달래던 할머니
주렁주렁 빠진 이 사이로 흘러나오던
얼룩진 이야기 싣고
아픔도 슬픔도 달착지근하여
가을 햇살 아래 누워 있는
고산 가는 길

한 구비 지나면
또 한 구비
멀리 불그스레 앉아 있는 산들
무심히 지나가고
오랜 얼굴 같은 잎들 단풍이 들어
삐걱대는 문에서도 단내가 나던
아득한 그 시절 꽁무니에 달고 간다

이복자

산토리니 낙조 외 2편

진하게
하늘과 바다가 붉게 만나야 한다고
잡티 없이 푸른색을 고집하더니
그 하늘길을 걸어와 서쪽 끝에 머문 해를
바다에 내려놓기란 뜨거움이 아니고는 어림없다
하루가 잠 속으로 가는 의식은 어디서도 있건만
신들의 나라에서 지는 해는
흐린 시력도 절대 허락하지 않고
생각의 일탈은 더더욱 용납 없고
긴 비행으로 지친 여행의 목적도 곧추세워
집중, 뚫어지는 눈 맞춤을 요구한다
한 치 오차 없는 붉은 붓질의 노을 앞
가슴 벌렁거리는 예술의 혼으로 산토리니에 섰다면
티끌 없이 투명한 핏빛의 햇덩이가
붉은 하늘과 바다 사이로 떨어지는 흔한 진리가 아닌
술렁, 신의 눈동자 속에 잠기는 다시 없을 창조라고
명작임을 선언하는 파동이 온다
처음 다가온 신랑처럼 진하고 유별나다.

나절 필름 13

설렘은 촉수가 미세해
차 한 잔의 흡수, 그 느낌만으로도 떨고
닿으면 그냥 젖는다

비 올 때 차를 마시며 멍 때리는 건
맘 놓고 설렘에 마비되는 날
만감이 홀딱 젖은 오감 사이로 빠져나갈 때는
한 손으로 턱을 괴어야 무게가 있다

빗방울이 닿는 땅에 틈이 생기고
비 파열 소리가 가슴에 쌓이는 앙금처럼 세밀한
그 틈새 그리움도 한 편 스멀스멀 기어들어
밑동 단단했던 사랑이 아려 오는

말랑말랑한 마음 속살
멍하니 널어 짜고 말리는 설렘의 도가니, 비
젖는 점심나절이 좋다, 좋다.

꼬리의 행적

꼬리에 값이 있는 것을
모르고 동당 동당 흔들고 다닐 때는 좋더니만
걸어온 길 멀고 남은 길 짧아져 아차 돌아보니
후미가 개운치 않아 마음에 걸린다.
꼬리가 내 눈을 벗어나면 남의 눈에만 남는 것을
생각이 여물지 못하면 설치지나 말걸
사람 숲을 쏘다닌 꼬리 행적이 묻혔는지 빛나는지
솔직히 말해 주는 이 몇 없어 사후死後가 불안하다.
허접스레 주저앉아 땅 치고 있는 몰골이라면
접자니 이력의 칼질이요, 두자니 민폐인 것을
내리고 살았다 한들 곧추세워 살았다 한들
지금 자른다 한들 설친 꼬리 수치 지워질까?
길면 밟힌다고 칼 들어 내리칠 힘도 푸석하니
멍 짙은 꼬리의 목록들 파르라니 눈에 밟힌다.
깨끗이 거두어 혼자 만지다 가면 좋으련만
남은 길이 어두워 뒤는 더욱 안 보인다.
힘없이 붙어있는 꼬리, 가슴에 가만히 얹어나 본다.

이상미

때 이른 모기 외 2편

한밤에 극적으로 잠에서 깨어나
비누로 씻고 나서 차분히 책을 드니
매끈한 모기 한 마리 사뿐하게 옆에 앉네

살며시 손을 들어 그놈을 노리는데
놀리듯 날아가더니 사라져 볼 수 없네
네 이놈 벌써 나왔냐, 반가울 리 없는 놈

양귀비

새까만 머릿칼은
동백기름 발라 참빗으로 곱게 빗어 붙이고
군더더기 없는 매끈한 몸매에
새빨간 실키silky 드레스를 입고 탱고를 추는 늘씬한 무희

초대하지도 않았는데
쑥갓인양 터를 잡고 노모를 유혹한 너
안타깝다만,
그냥 두고 볼 수 없다

소망

언젠가 내가
정신 줄을 놓아
몰래 숨었던 화火가
차마 보기 힘든 모습이
나올까
염려됩니다

언젠가 내가
정신 줄을 놓더라도
삶에
후회 없기를
원망 없기를
감사하기를
바랍니다

언젠가 내가
이 세상을 떠날 때
두려움 없이
맑은 마음으로
가분히 갈 수 있기를
바랍니다

이
상
복

선녀와 나그네 외 2편

시원한 강바람
가로수 그늘 아래
발길 멈추니

빨간 미니스커트
하얀 블라우스
해맑은 미소의
긴 머리 여인

분명 선녀이다
내가
그대 벗 되리라

산장의 여인 닮은
그 때 그 모습
그리워라

그대
다시 찾는 날 까지
나를 잊지 말아요

야생화

앙증맞은 꽃무리들
내려앉으니
참 예쁘기도 하여라

외면당하고
밟히고 살아온 운명
애처로워 어루만지니
살랑살랑 아양을 떤다

강한 생명력
순수하고
한 자리 지켜온 터줏대감

젊은 시절엔
화려한 것만 보이더니
내가 많이 외로운가 보다
너를 꽃순이라 부르리

천지

백두산 천지 향해
아내와 장도에 올라

지루하게 버스로 이동
지프차 갈아타고
낭떠러지에 목숨 걸었더니

영산은 쉽게 드러내지 않는데
기도가 통했던지
구름 장막 걷히고
검푸른 천지가 한 눈에

동해물과 백두산이
애국가 따라 부르니
감동의 눈물이

온천수에 목욕하니
나도 신선이 되더라

이세규

길 외 2편

안개에 묻힌 밤
가고 싶은 데로 가면
모두가 길이다

눈으로 뒤덮인 대지
걷고 싶은 대로 가다 보면
발자취가 역사다

사통팔달의 한 가운데
가기 싫어도 가야만 하는 길
정해진 갈림길이다

되돌아보는 뒤안길
마음에 두다 보면
길은 선택이다

사람에게 사람을 묻고
길에게 길을 물으니
대답할 길이 있겠는가!

가로등

어스레한 빛이지만
가장 밝은 빛
어둠을 밝히기에

여린 불빛 무섭다
골목길 모퉁이서
틈새를 볼 수 있기에

높은 불빛 두렵다
머리 꼭대기서
진실을 알 수 있기에

퍼진 불빛 아름답다
가슴 뚫고 등 뒤에서
마음을 읽고 있기에

잎 새에 이는 바람도
보이게 하는
희망의 불빛

謹次烏川李文和先生利見臺韻

徐伐二王對見臺(서벌이왕대견대)
西方柱下靑靑苔(서방주하청청태)
聖君支援當東敵(성군지원당동적)
百姓至誠解險頹(백성지성해험퇴)
淸廉烏川巡慶尙(청렴오천순경상)
萬波息笛想參萊(만파식적상삼래)
眺望水下巖盤島(조망수하암반도)
黑鳥鳳凰握手廻(흑조봉황악수회)

신라 두 임금이 서로 만났던 누대여
사방 기둥 밑 푸르고 푸른 이끼로다.
성군의 지원에 동쪽 적을 당해 냈고
백성의 지극 정성 험한 퇴폐 면했지.
청렴한 선생님 경상도를 순행하셨고
신기한 피리 소리 참 효자 생각난다.
물 아래의 암반 섬을 멀리 바라보니
까마귀와 봉황새 악수하며 선회하네.

*利見臺(이견대): 신문왕이 경주 감포 앞 문무왕의 해중 능묘를 망배하기 위해 지음.
*烏川李文和(오천 이문화,1358~1414): 仁川人, 경상 관찰사, 贈 영의정을 지냄.

연결된 것들 외 2편

생명은 연결이랬지
살아 있는 건 이어받고 이어지는 순환의 고리
살아 있는 것들의 연결은 기억총량의 법칙
순환의 끝자락엔 인간의 껍질을 벗는다는
탈각의 세계로 도달한다 했지

고작 앞으로 몇 달밖에 남지 않았다는
의사의 말에 순응함처럼 보이던 당신은
열 돈 금팔찌를 갖고 싶었다. 필사적으로
저토록 허술한 욕심과 탐욕의 연결고리가
목숨의 탐으로 길고 길게 이어지며
탈각과 부딪치며 깨진다

당신, 나를 그리워하지 않았다면
혹여 나를 만나지 않았다면
씨앗이 피워 낸 꽃에 앉은 햇살의 맛을 알았을까
하여 당신은 아무것도 포기하지 못했다
그리움으로 연결되었던 만남도

이슬뿐만 아니라 흙이 된 누군가와도

함께 녹아있는 걸
이전 누군가에게 아직
불변의 진리를 전해 듣지 못했기에
몰라야 할 것을 안 죄로 구속 아닌 구속으로
당신 향한 그리움과 나를 향한 그리움으로
우린 다시 깨어남을 슬프게도 계속할 거야

슬픔을 흘려내는 법

진심을 표현하는 말은 왜 이리 유치한가
좀 더 세련되고
중후한 어휘를 생각했지만
흰 목덜미 아래로 내려간 말이 어디쯤
켜켜이 쌓여 있을지

목소리는 거의 짓이겨졌다
뭉개지고 밟혔다 그러나 살아 있었다
가슴에 숨겨놓은 구겨진 종이들이
바스락거렸다

복잡한 감정들을 황급히 주워 담으며
부분적인 진실만을 말했다.
고요한 수면에 떨어진 마지막 슬픔
물 한 방울처럼
반복하여 무뎌지게 만든다

기회는 짧은 시간만 기다리는
아주 매정한 놈
눈동자 속에서 당황이 찰방찰방 물을 튀기며
헤엄치고 있다

한파

급작스레 당신이 온다는 기별에 새벽 내내
나비의 날개를 만지작거렸어요
날고 싶어 하나 날지 못하는 나비의
날개를요
눈금과 눈금의 경계에서 뜬금없이
금고 털이의 예민한 촉이 스멀거립니다

마음은 자꾸만 통장을 만지작거렸지만
큰맘 먹고
반 눈금 살짝 오른쪽으로 기울었어요
그 축의 무게가 얼마나 무거웠던지
손가락이 뻣뻣하네요

얼어붙은 눈을 내려다보는 태양의 눈빛이 차올라
희미하게 비치는 집을 봅니다
올 한파에 우리 집은 따뜻하겠구나
나비는 따뜻한 방바닥에 갸릉갸릉 뒹굴며
집사를 기다리겠지요

'철판 미끄럽습니다

주의하세요'
삐뚤빼뚤하게 써진 글씨 위에
엉덩방아를 찧었어요
신발 속에 감춰놓은 보름달
양말 뒤꿈치에 올라앉았네요

초대시 2

이순희

다시 외 2편

한 번 더
용기 내서
그래도 한 번 더
새롭게
기죽지 말고
……

여기에 덧붙일 수 있는 말
다시

너 참 고맙다.

다시는

이제
또
한 번만 더 하면
그때는 정말
결코
기필코
……
여기에 생략된 말
다시는

너 참 무섭다.

대기실

-요양원

장수시대 백세시대를 맞아
간이역 대합실처럼 이곳은 넘쳐난다

초점 없는 눈동자
헛소리 흘리는 입들
그들은 서로를 의식하지 않는다
그러다가도 가족이라는 이름을 달고 오는 자가 있으면
애원의 눈빛으로 호소를 한다
이곳을 벗어나게 해 달라고

그들은 이제 집으로 가지 못한다
스스로는 아무것도 못 한다
숨만 겨우 붙어 있다
그 숨 모질고 모질어
아무도 끊어내질 못한다
죽음의 기차가 와서 태우고 가는 날만 기다릴 뿐이다

잠시 들렸다 나오는 요양원 현관엔
주인 모를 신발이 가득하다
죽음의 기차엔 신발을 신고 타지 않는데도 말이다

기차가 일찍 도착하여
그들을 영원한 안식의 집으로 데려다주기를 바라면서
나는 신발을 찾아 신었다.

이애진

청혼 외 2편

청혼을 받았다
결혼 선물로
다이아몬드 반지를
천 백만 개 사 준다는데
이혼이라도 해야 하나

그런데
다섯 살짜리 말을 믿어야 하나
결혼 안 한다면 삐져서 밥도 안 먹는다
선생님 밉다며
토라지는 모습이 너무 귀여워
오늘도 여러 차례 밀당을 했다

"나 너랑 결혼 안 할 거야."

그나저나
천 백만 개의 반지는
어느 손가락에 다 끼나
아무래도 이 결혼은 안 되겠다.

초가리로 시든 꽃

활짝 핀 꽃잎
입 꼭 다물고
시들어 떨어진 꽃송이

의지의 자존심
도도하게 마감한 무궁화의 생애

초가리 모양으로
시들어 떨어진 꽃송이
필관에 끼워
정성 들여 쓰고 싶은

무궁화
우리나라 꽃
삼천리강산에 우리나라 꽃

*필관(붓대)
*초가리(붓촉)

그리움

마트에 갔다가
잘 익은 무화과를 보고
즐겨 드시던 엄마 생각에
찬거리 대신
무화과 한 상자 들고 와
꾸역꾸역 그리움을 밀어 넣었다

"엄마
무화과가 맛있게 익었어요."

아무리 먹어도
그리움은 그대로 남아 있었다.

"엄마, 아버지
감도 말갛게 익어가고 있어요.
차라리 익지 말았으면 좋겠어요."

감당 못 할
그리움의 허기
해마다 가을이면 건너야 할
깊은 눈물의 강

이연홍

세월 외 2편

이보시게
젊은이

자넨
내 걸음
맞출 수 있지만

난
자네 걸음
따를 수 없네

그러려니

여름은
여름이라서
그러려니

겨울은
겨울이라서
그러려니

그까이꺼
지근지근
참아내면

보리밭 종다리
지지배배
산새들 사랑노래
호로록 삐리릭

봄꽃은
덩달아 피지요

적바람

산골 자연인 앞으로
멧돼지가 보낸
적바람

사흘을 굶었더니
배가 너무 고파서
고구마 먹으려
내려 갈 거라고

답장을 보냈다
나 먹을 것
남겨두고 먹고
가라고

이인헌

알 수 없는 세상살이 외 2편

보리밥은
못 먹고 못 살던 흔적
헤어진 옷 사이로
부끄러운 천둥소리
요란한 시절도 있었지,
흘러간 노래도
세월 지나 다시 유행되듯.

긴 세월을 건너온 보리밥은
건강한 밥이 되고
헤지고 찢어진 옷은
짜릿한 유혹의 눈길로
아름다운 패션이 되는 세상.

지금은 가장 멋진
옷이 되었네.

가난했던 추억들은
향수를 불러와
음지가 양지되는
알 수 없는 세상살이,

황금들녘으로 물들어가면
애증의 그림자는 강기슭 너머
참새 들만 유유자적
풍요를 노래하고
도란도란 속삭이고 있었지.

해가 서산에 지기 전에

계절의 만찬을 즐기듯
화려한 몸짓으로
물들어가는 나무들
색이 짙어가는 계절이다.

칭송받지 못한 나무였을지라도
영롱했던 한 때의 빛깔들
시간의 고단함에 묻혀
그늘진 세월 버려두고
즐기며 살아가야 할 내 나이

서산에 노을빛이 어두워질 때
낙엽 밟는 소리가
외롭고 쓸쓸함이 아닌
사념의 소리가 아름다운 것

생의 성적표는 어디쯤 가고 있는지
진솔한 생의 흔적을
해가 지기 전
오늘도 남겨가고 싶습니다.

내 인생 옆 지기

출세도 영화도
부럽지 않는 나이가 되어
유유자적 마음 다스리면 편안할 텐데
믿음 하나 견고히 간직하여
등에 진 짐이 무거운 것을
누가 탓하랴

어찌하랴.
내 몸에 치장하고
계절 따라 바람 따라
풍류를 즐기고 싶은 게 사람의 마음인 것
어찌하여 그대는
근심 걱정 등불 앞에
세월을 품고 서 있는가.

많은 이들은
자기의 짐도 놓아두고
잘도 걸어가는데
그대는 어찌하여
그 짐마저 빼앗아 짊어지고 가려 하는가.

가만히 살펴보라
오늘도 그대는
아무나 들고 갈 수 없는 보자기를
두 손에 들고
기약 없이 길을 떠나지 않는가.

이정님

나도 너처럼 외 2편

내가 지나온 흙담 모서리
탐스럽게 피었던
국화가 시들었다

한철을 꽃으로 살다가
세월의 무게에 고개 숙인
나 닮은 꽃 한 송이

길에 서서 함께 울어주며
더불어 살아온 땅의 은혜
나도 너만큼은 알지

머잖아 까마귀 울고
흰 눈 조용히 쌓이면
땅에서 이루어진 모든 것
모두 훌훌 털고
나도 가볍게 돌아서려니

나도 너처럼
향기와 아름다움으로
기억될 수 있을까.

매미가 운다

흔들어 무엇 하려고
메마른 가슴 흔들어 무엇 하려고
기어이 흔들어 무엇 하려고
팔월 하순 다 기운 날에
매미가 운다

천방 논 마름 갈라 치던 우레도
서산 일몰 속으로 숨었거니
실로 목청 꺽 이던 한세월
구비 구비 실려 보내며
설음도 다 했으리라 숨 돌렸더니

다시금 무엇 하려고
마른 가슴 버적버적 태워 무엇 하려고
팔월 하순 다 기운 날에
매미가 운다
두고 온 내 누이처럼 왼 종일 운다.

사랑은 하나 이별은 둘

몸을 부축하며 낯선 곳 찾아
60년 세월 찢어 버리고 오던 날
하늘 뚫린 듯 비는 쏟아지고
갇혀있던 강물은 일제히 풀려
아우성치며 흐르더이다

절룩거리는
등이 굽은 노인 가까이
웃음 살 선한 소년이 포개지고
나 어린 가시나이는
종종 뒤따라가다가
빗길에 주저앉아 펑펑 울더이다

가슴 아파
구름 속에 꼭꼭 숨어 있던
해님 잠깐 나와
햇살 한줌 가시나이 주머니에 쑤셔 넣고
괜찮아
괜찮아질 거야
등을 다독이고 떠나더이다

하, 부실했던 그동안의 삶이여!
얼마 남지 않은 빠듯한 시간에
어찌할까나
어찌할까나

사랑은 언제나 하나이지만
이별은 언제나 둘이어야 하는.

순례길 외 2편

이정수

아무리
세상을 걸어가 봐도
보고 싶은 것은 오직 당신뿐
아직 나는 아무것도 보지 못했습니다

어느 곳에
부르고도 그리운 또 다른 이름이 있던가
듣고서도 사모할 또 다른 음성이 있던가
주고서도 부끄러운 또 다른 사랑이 있던가

당신만큼 부요하고
당신만큼 가난한 나는
모든 것을 가지고 있으면서
아무것도 없고
아무것도 없으면서
모든 것을 가진 하늘의 후사

다르게 살아가야 할 나의
순례 길은
길이 아니라 바로 당신이었습니다

나목의 노래

찬란한 옷을 훌훌 벗어버리고
묵묵히 하늘을 향해
손을 내밀고 서 있는 나목은
모든 것을 몸으로 익힌다

나목은 나무를 안다
말뚝처럼 땅에 깊이 박혀
중심을 잡고 있어야 나무가 살고
세상이 산다는 것을

거꾸로 물구나무서기를 해야만
보이는 세상
그래야만 어둔 밤도
아름다운 색깔로 바꾸는 세상인 것을

바람 속에서만 들리는
나목의 노래가 있다

본향本鄕

나의 살던 고향은
신비의 바다를 품은 엄마의 자궁
그곳은 평안과 온기의 바다였다

내가 지금 사는 타향은
그 바다를 건너 마침내
사계절이 돌고 도는 푸르른 땅
이곳은 냉정과 열정의 세상이다

내가 머지않아 돌아갈 본향은
그 세상을 나와 날아오른 하늘
빛과 어둠만이 존재하는 거대한 우주
그곳은 완전한 평화와 사랑이 있는 영원한
당신의 나라

보이지 않을지라도
미지의 삶은 계속 될 것이며
그 끝나지 않을 영원 속으로 도전한다

이종영

늙은 호박 외 2편

쇠꼴 베는 시퍼런 낫 소리 무성한 언덕배기 앉아 있어도
꼭지 옆으로 비틀거나
자리 들썩이지 않는다.

벌레 들어올세라,
흉흉한 소리 들을세라,
번잡한 냄새 맡을세라,

삼복더위 두껍게 입고
잎새 흔들고 간
바람의 그림자 마시며,

가슴 덮이는 노란 입덧 비우고 비워
젖 내음으로 흠도 티도 없이 하얀 사랑 넉넉히 키우는
마흔 넘어 동생 잉태한 엄마 닮았다.

슬픈 눈동자

엄마의 자궁은 최초의 요람이었다.

꿈에도 먹지 못한 양식과 영혼의 즐거움
마음껏 받을 수 있는
그리하여 내 심장은 온유했고 열 손가락 열 발가락은 꿈을 키웠다

날 채우고 세상 나오자마자
누군가의 붉은 함정으로
내 꿈은 낙하산 추락하듯
발원지 없는 무덤 되었고
모어를 잊은 몸은
차디찬 햇살 떨어진 곳에 있었다

허나
가까이서 요란하게 사이렌 울려도
아무런 기척 내지 않는 것은
16살 엄마의 가없는 숨결과 눈
마주쳐서는 안 되는
천지간의 단 하나 사랑이기 때문이다.

웃음꽃

꽃이라서 피는 게 아니라
피어서 꽃이 되는

천지사방 어디에서 피어도
마음밖에 피지 않듯
고개 숙이고 피지 않듯
떨어져도 다시 피듯
따로이 씨받이 두지 않는

이목구비 환하게 피게 하는 秀作

누구도 꺾을 수 없는
혼의 꽃.

스위스 외 2편

이창환

빙하의 역사가 호수에 흐르고
눈꽃이 쌓여 다시 빙하로
억년의 신비를 나는 보았네

눈보라 휘몰아치는 융플라우
얼음동굴 조심조심
천년을 걸었다

눈 속에 핀 하얀 꽃잎은
아장아장 걸음마
아기 발가락

케이블카 너머
초록이 깔린 그림 같은 꽃밭
튤잎이 우아하다

뭉게구름 피어난 민들레 언덕
소 떼들 평화로운 축복의 땅
"스위스"

행복이 익어가는 작은 움막

우리 집은 작은 움막
지붕엔 빨간 기와가 덮여있고
할배는 이층 할매는 아래층
돌아앉을 자리조차 넉넉지 않아서
작은 움막집이라 문패를 달았다

타오르던 태양
서서히 꺼져가고
석양빛 물든 노을 산 그늘로 잦아들 때
늦은 잠 청하는 움막집

침실에 별 무리
창문에 기대어 까만 방을 훔치고
개구리도 울다 지쳐 잠든 밤
새벽이슬 자장가 눈가에 젖는다

늦여름

동트는 산책길
소녀의 기도가 흐르는
핸드폰 건반 위에
포르르 참새떼 내려앉고
익어가는 벼포기마다
땀방울로 얼룩진
농부의 함박웃음
장마 끝난 꽃술엔
가을이 눈썹달만큼
고개 내민다

이현원

동행 외 2편

그러겠습니다
앞으로 옆도 바라보며 살겠습니다
11월 들어 1자 옆에 또 1자가 보였습니다
그동안 나의 반려자가 있음을 못 보고 살았습니다
철길처럼 나란히 서로의 길만 간 것 같습니다
앞으로 서로 보듬어주며 살겠습니다
무거운 짐은 덜어주면서 살겠습니다
함께 손잡고 가면 먼 길도 지루하지 않을 것입니다.

물레방아

자욱한 안개는 언제쯤 걷힐까
악화는 날뛰는데 양화는 침묵한다

돌고 돌리면서
물만 먹고 잘도 돌았는데
시류가 어수선하니
파업인지 휴업인지
문 걸어 잠그고
이끼만 자라고 있다

비야 내려라
억수 같이 퍼부어라
세상 먼지를 깨끗이 쓸어버려라

그날이 그날
먼지 더께는 쌓여만 가고
돌자
돌자
차라리 돌고 싶다.

보쌈하다

근린공원 산나리꽃
비바람에 쓰러져 있다
흔들어 깨워도 못 일어난다

잡아 일으킬수록
흔들흔들 자꾸 넘어진다
겨우겨우
작은 나무 기둥에 붙잡아 맸다

가까스로 비스듬히 기댄 채
활짝 웃는 점박이 얼굴

막무가내 끌려온 아낙처럼
나무둥치에 안겨서
수줍은 듯 고개 돌린다

인연과 필연 사이에 맺어진
하늘의 끈
함부로 풀지 못하느니.

구멍에서 구멍으로 외 2편

마루 밑 구멍에서 곳간 옆 구멍으로
생쥐 한 마리 쪼르르 달아나네
순간 구멍에서 구멍으로 선線 하나
생겼다 사라지네

생쥐 한 마리 정말 지나가긴 했는가
선 하나 정말 그어지긴 했는가

구멍에서 구멍으로, 나도
생쥐처럼
무슨 선 하나 긋고 있는가

어디서, 누가 날
지켜보고 있는 것 같다

거울처럼

찾아오는 이
빈부귀천貧富貴賤 가리지 않으리
모두 담쑥 안으리

같이 걷고 같이 춤추고
같이 웃고
또 같이 울리

세월 흘러 등 돌리고 떠나면
말없이 고이 보내리

가슴에 구멍 숭숭 나면
텅 빈 허공으로 남으리

허공으로 남아 혼자 울리

사다리를 타고

평생 나무를 다듬어온 그는
무얼 만들었을까

그걸 아는 사람은 없었지만
실은, 그가 만든 것은 사다리였다

골고다 언덕
온몸 나무 기둥에 못 박아
완성한 사다리를 타고
그는 하늘로 올라갔다
옆에 있던 강도까지 데리고

곧 다시 내려오마
천둥이 쳤다

장문영

숭고한 사랑 외 2편

태어날 때부터 생물은
사랑의 생명도 갖고 태어나나 보다
사랑은
생명 속에 담겨진
끝없이 자맥질하는 영혼인가
불타는 욕망의 몸부림인가
주어도 주어도 더 주고 싶고
받고 받아도 더 받고 싶은
갈망의 덩어리인지
가을날
떨어질 줄 모르고
쌍으로 비행하는 잠자리 떼
허공을 수놓는 한 계절 눈부신 사랑 놀음
황홀한 색감의 꽃과 나비의 만남
벌은 목숨까지 바치는
현기증 나는 숭고한 사랑을 할까
나무 위에 피를 토하듯 붉게 타는 단풍잎
생을 마감하는 격정적인 사랑
무슨 까닭으로
저리 아름다움으로 꽃 피는가

아파트 화단

한 지붕 밑 3명이
한마음으로 이룬 꽃밭
칸나 백일홍 수국 국화
쪽도리꽃 참나리꽃 분꽃등

한결같이 고운 마음
꽃처럼 변함없이 예쁘고
향기로운 마음으로
살았으면 좋겠다

칸나잎처럼
푸르고 넉넉한 가슴
싱싱한 기상으로
살아가고 싶다

각양각색으로
고운 자태 보여주는
백일홍꽃처럼 살고 싶어라

탐스럽고 둥그런
수국꽃처럼 둥글둥글
모나지 않게 살아가고 싶다

잡초의 변

밭고랑에 머물다
몹쓸 욕, 머리채 뽑혀
내동댕이쳐져도
발만 부치면
살아남는 질긴 명줄 이란다
호미 낫을 겁나 피했더니
제초기로 목을 베고
제초제로 씨도 없이 말리려 하지만
워낙 번성하는 핏줄이라
어머니 같은 흙 젖줄인 비가 있고
편애하지 않는 햇살의 공평한
따사로운 손길 있으면
금방 번창할 수 있다고
나무 그늘에 살아도 풀벌레 찾아와
친구가 되어주니
외롭지 않고
푸른 꿈 키울 수 있는
강인한 의지가 있으니 두려울 게 없단다

장수현

죽은 자를 검문하다 외 2편

저녁 산길에 깨어진 바람 조각으로
북한산 하산길은 자주 시야를 잃는다

두터운 절망을 잔뜩 발라놓은 개울 건너
밤골 굿당의 그 소란스러운 물음표는
산 자와 죽은 자들
그 사이는
본래 한없이 순결하던 것

그 너머의 공간에 유혹을 받아
상가집서 늘 밥을 얻어 먹었다

삶의 끝을 감당하려는 산길에서
헐거운 홑이불 같이 접혀진 머뭇거림이
열려진 허공에 돋아나

불심검문에 사라진 페이지의 매듭을 엮는
포식자의 칼춤을 유독 기웃거린다.

여느 골목들

골목에 댓글을 염주처럼 엮는 허리 꺾인 부랑자로

거꾸로 선 느린 삶에 늘어난 주름꽃들

피 냄새의 조갈증에 입이 짓무른 거머리처럼

가볍고 가벼워 늘 거리의 권태 속에 엉겨 붙는다

제풀에 겨운 그 영혼의 무게는

는개비라도 날리기 시작하면

희뭅하게 치밀어 오르는 욕망의 무리들

밤을 새운 골목은 핏발 선 눈동자들

아침노을의 허기에 흐려진 별빛처럼

연신내 여느 골목에 늙고 말라가는 남은 삶 속에서

다시 잘해보자고 행성에 주파수를 맞추며

새 삶의 등신불을 꿈꾸나 보다.

처음이라는 언어

순정을 독차지하며
나 죽는 날까지
애절한 사랑에
가슴이 저려옵니다

찾는 이도 없는데
그리움에 온몸이 붉어 옵니다

바람에 날리는 민들레 꽃씨 뭉치처럼
날리는 언어를 지피는 당신
동그란 입술로 엮는 문장의 유혹에
19도의 달뜬 몽환으로 설레입니다

처음처럼.

초대시 2

장재흥

가을 비표 외 2편

상당산성 옛길
치열한 전투 뒤에 찾아오는 슬픈 평화처럼
오르는 길 연막구름 짙게 누른다.
한여름 장맛비처럼 심란하게 비 내리더니
흠뻑 젖은 숲속에 가을의 전령이 다녀갔나 보다.
이 집에 붉은색 비표 달아놓고
저 집엔 노란색 비표를 달아 놓고
산릉선 타고 숨 헐떡이며
상당산성 옛길 고지가 멀지 않다.
아 고요하다. 시원하다. 행복하다.
세속엔 언제쯤 평화가 찾아올까
저 산꼭대기 봉화대에서 종전의 봉화를 알리는 불 피워 볼까
내려오는 길
조그마한 계곡물 흐르는 곳에
몇 개의 은빛 억새가 바람에 흔들린다.
여도 야도 필요 없는 이곳에
또다시 싸움이 시작되었나 보다.
차라리 돌아서 올라가 볼까
가을은 색깔 있는 야한 함성으로
가슴팍 은밀한 처소까지 떠밀려 온다.

기생초, 바람에

창문을 열면
가는 잎 금계국은
찬바람에 꽃을 피운다.

나그네 발길 잡아
눈길 한번 준 적 없건마는
그 자태 아름다워
기생초라 부른다.

명월이 이처럼 고울까?
한 땀 한 땀 곱게 수놓고
고개 넘어 흐르는 엷은 바람에
너풀너풀 춤추는 가을 기생초

교회 선생님

뎅그렁 종소리 들려오면
나 어릴 적
한달음에 달려서 교회에 갔다.

새까맣게 그을린
까까머리 코흘리개
미운 일곱 살

우리 반은 꼽추장애인
스물일곱 여자 선생님을
모두가 좋아했다.

세월이 흐른 지금
그때 그 교회 앞에 선
그리운 사람들 얼굴이 떠오른다.

사랑이란 외 2편

전순선

자라면서 들었지
살면서도 듣고 들었지
맘속에 굳은살이 생기도록 들었지

믿음 소망 사랑
그중에 제일은 사랑이라고

한 줌씩 드리워지는
석양이 되어서야 알았지

혀끝은 사랑사랑 하면서
쉬이 행하지 못한, 하얀 가슴이 부끄럽다는 걸

헐거워진 인생 달아보니
사랑의 눈금 영도에 머물러 있다는 걸

사랑이란 용서라는 걸
사랑이란 나눔이라는 걸

고뇌의 맘속에 찡하게 들려오는 소리 또 들었지

바람의 민낯

고추잠자리 노닐던
숨 고른 들판에 가만히 서 있으면
온몸에 바람이 돈다

눈 감으면
만질 수도 있고
느낄 수도 있고
볼 수도 있어

떠도는 바람마저
내 안에 들어와 숨을 쉰다

미세먼지
황사 바람
공기청정기 모르는
바람의 어린 민낯을 보니 상쾌함뿐이다

다시 눈을 뜨니
도시의 바람은 텃세처럼
여전히 야생의 민낯 공기를 밀어내고 있다

진달래꽃

산책길 둔덕에 봄빛 시선을 끄는
꽃숭어리들의 부푼 들꽃을 보노라면
화사한 꽃향기보다는
환한 웃음으로 다가오는
한 여인의 모습이 아련하다
봄나물 캐다 꺾어온
연분홍 진달래꽃
저고리 앞섶 한 아름 안고
수줍게 웃으시던 어머니
시절이 억척스러워
그저 무심했던 여자 여자
머릿수건 하얗게 두르고
펑펑 일만 하는 엄만 줄 알았는데
그 가슴에 분홍 꽃물 곱게 물드는 것을
꽃처럼 환하던 어머니의 얼굴
석양빛 내 가슴에 참꽃으로 피고 있다

정순

활화산 외 2편

활화산을 터뜨려 내 뿜는다
불바다가 된 지구 표면의 딱정이 갈라짐
그 속에서 화를 분출하는 분화구

시뻘건 불구덩이 온 산을 뒤덮고
시원스레 쏟아지는 불
마음대로 굽이치며 흘러내린다

실컷 쏟아내고 모두 헤집어 놓은 텅 빈 가슴
벌거벗은 속 내만 남았다

뜨거운 정을 모아 간직한
휴화산아
첫사랑 설레임을 아직도 못 잊어
그대를 기다리는가

천만년을 두고
언제 터질지 가슴 조이는
사화산아
세상살이 가슴앓이 숯덩이 밑 걸음으로
금수강산에 꽃동산 이루었네

네비게이션

요즈음 길을 찾아주는 네비게이션이 요물이다
어느 곳에나 명령만 하면 모두 찾아주는 명물

내가 이 세상 하직하고 저세상에 갔을 때
음성인식 기능을 활용하여
말 한마디만 하면

하나님 나라 주소 명령하면 하나님을 만나
회개와 고해 성사 드리고
예수님 뵙고 싶으면 주님 주소 찾아 인자하신 주님께
사랑과 감사 인사드리고
꿈에도 잊지 못할 부모님 불러 아버님 어머님도 반갑게 만나고
먼저 세상을 떠난 그리운 남편도 찾아 주겠지

나는 하나님 나라로 갈 때
음성인식에 말 잘 알아듣는 네비게이션을
꼭 사서 가지고 가겠다,

첫사랑

밭에서 막 뽑아 낸 통배추가
처음 소금 끼에 절을 때의
짜릿함을 잊지 못한다

양념에 버무려
세월 속에 저장하고
맛깔스럽게 숙성시켜
얼얼하게 매워도
밴지 않는 것은
감칠 맛 나는 그리움 때문이다

장독 뚜껑 열어
김치 포기 꺼낼 적마다
다시 꼭꼭 눌러 돌로 지질리고
갈무리하며

이제는 아쉬울 것도
보고 싶을 것도
기다릴 것도 없을 텐데

겨울이 지난 지금도
김치 독을 열면
풋 배추 살에 닿던
그 소금 맛이 혀끝에 닿는다

일어나야 일어난다 외 2편

눈을 뜬다
손이 무겁다
눌려 붙어 몸을 일으킬 수 없다
어디 아픈가
이대로 조금만 더 자고 싶다

새벽시장 채비하는 어머니의 아련한 부스럭거림
일어나야 일어나져
일어나면 다 살게 된단다
어깨 어루만지는 손길에 놀라 일어나 앉으면
텅 빈 방의 고요만 있던 시절

벌떡 일어나고 싶어도 이제는 그러면 안된다
손가락끼리 문지르고
손바닥을 긁고 두드리고 몸을 주무른 후에 일어나야 한다
일어나자고 몸에 신호를 주고
안쓰럽게 깨우시는 어머니 손을 잡고 일어나야 한다

어떻게든 일어나고 볼 일이다
일어나자
일어나면 넋도 돌아와 서고
걸어가 네 향기를 맡고
안아 볼 수 있지.

사랑이 지나가면*

사랑은 지나가는 걸까
사랑이 지나가고 있을까
사랑은 그대로 있는데 내가 지나가는 걸까
아무래도 내가 지나가고 있는 것 같애
그래
내 사랑들은 늘 내 곁에 있어서
내가
내가 가고 있는 것이지
안녕
안녕 사랑들아
안녕

사랑해.

* 이영훈 작사·작곡 노래 제목 '사랑이 지나가면'에서 가져옴

도토리와 가을

도토리 주어 왔다 자랑하며
며칠을 가을 햇살 아래서 놀던 아내
오늘은 뭐하나

자르락 자르락
톡톡

마당을 가득 채운 가을 햇살이
도토리 까는 소리 데리고
열린 창으로 넘쳐 들어온다.

시 한 줄 써놓고 더 잇지 못하다가
못 이긴 척 따라 나가
망치로 도토리를 건드린다.

둘 사이를 오가던 살랑바람이
말도 없이 도토리만 깐다고 샐쭉해져
갓 피어나는 산국 꽃봉오리며 말라가는 수세미며
자두나무에 대롱거리는 콩 이삭들을 지분대며 다니더니

딸이 보내온 외손녀 재롱 영상으로

도토리 구르듯 아내가 웃어대자
어느새 다가와 도토리 까겠다고 살랑거린다.

아직 해가 중천인데
산국 향기와
도토리묵에 취한 가을이
처마 밑에 불콰하다.

밤을 가르는 축제 외 2편

조경순

하늘 문을 두드리는
이 땅의 축제
바람은 훈민정음을 나르고
파도에 묻혀 오르는
저 현란한 빛의 화신이
지상을 불러 세운다
젖은 삶의 공방에

긴 머리카락 훑어 올려
한을 품어내고
손을 펴 우주를 열어젖히고
발을 세워
저기 이걸 거리는
설움의 고통 박차고 일러서
내가 살아 있음을 외친다

몸을 비틀어 절규의 상체
불꽃 타는 질퍽한 창의 울림
밤하늘을 향해 지른다.

둥지에 홀로

창틀에 빗물은
줄줄이 매달려 어둠 끌고
내 골골한 유령은
안개 낀 곡선 헤매다 오늘이네

처연한 햇살에
찬란한 무늬 만드느라
순간을 소중히
카르페 디엠 음악 볼륨 올렸다
솔바람 깃털 올리듯
내 살 속을 판다

파란 하늘 구름
내 동공 아리도록 더듬어 오고
저기 비에 씻긴 길 위에
그리움 주렁주렁
대로에 오르락거리네
어미 불러 울던 내 아가

월드컵 경기

공이 춤추는 축제
숲속을 마구 뛰는 하이에나
화살촉 높이 올려야 한다

선조 때부터 핫바지 흔들며
응원 목청소리 세계적이다
그 후예
붉은 옷 갈아입은 악마의 응원단이
이 땅 출렁이며
손 높이든 영혼의 함성
하늘로 쏘아 올렸다

공이 긴 다리 뚫고
달궈진 용광로에 튕겨 들었다

우리는 해낼 수 있었다
이 벅차오르는 환희
아— 대한민국!

조경화

조율 외 2편

일상이 뒤틀리면 엉망이다

공기 속을 부유하는 속된 탄식들
쇠락한 낙엽처럼 밟히는 속울음
쟁강쟁강 몇 날인가 부식되어
갈망이 성마르게 말라 버린다
헛짓거리 감정의 의식불명
할퀴고 헐뜯고 벗겨져 모두 아픔으로
시린 기억 옹이로

그렇게 또 한 날이 흐르고 흘러서

한숨이 유리창 성에꽃으로 피고
오후의 일광처럼 부드럽게
내밀한 바람 상처를 어루만져 품어주면
슬그머니 살맛 생겨나는 세상앓이

시작은 언제나처럼 고요하다

지금, 그대는 유령이다

야금야금 생명줄 짧아지는 이승
광속도 뜀박질로 도망치다가
아집의 잣대에 걸려 넘어졌다
하필 진흙탕 늪이다
숨 조이는 무서움이 소리친다
누군가의 손을 잡아 봐
허나 혼자이다
어리석은 자맥질 자락자락
갉아버린 그때가 비웃고 있다
떨고 있는 질긴 명줄
신열 오른 혼미한 괴성

비루한 중생아
마지막 호흡 허공에 부서질 때
너를 건지는 눈부처
지나간 것은 모두 무효라 하기를.

어제, 오늘 그리고 내일

내가 그곳에 닿기 전
미쳐 눈 뜨지 못한 붉은 해가 어둠을 밀어내고
도망가지 못한 낯선 냄새에 나도 알아버렸다

오늘은 어제와 다른 축복이란 걸

염치없이 기다리는 생성의 바람
아직도 헛짓거리 서툰 울렁거림은
늙다리 꿈벌레로 진화하여 이렇게 살아있다

또, 하루

만조처럼 차오른 욕심 비워내는
편안한 날숨 한 자락
걱정일랑 입김보다 가벼이
화려한 수식어가 무의미한 껍데기를 벗겨
햇살과 눈 맞추고 땅에 누운 풀 밟으며
오래 살아서 부여받은 평안으로

날마다 세상과 즐거이 이별 연습이다

매미 외 2편

누군가 버리고 간 집이다
마른 체취가
셀로판지처럼 얇은 벽에 덕지덕지 붙어있다

짐을 꾸리면서
아무도 몰래 발효시킨
한 병 설움도 꺼내 갔다

몇 방울 떨어트린 울음소리
달빛에 젖는 밤은
깊은 산사 풍경소리로 우는 빈집

길 건너 미루나무 우듬지에 행장을 풀고
두고 온 빈집 내려다보며
뒤늦게 삶의 매움을 알았을까?

매움매움매움
밤늦도록 찰나의 삶 변주해 내고 있다

수목장

어머니의 새 주소는 숲속 깊은 마을이다

해님이 사방 둥근 창틀을 걸고
눈을 감거나 뜨거나
깊은 속 후련히 볼 수 있는 풍경들

먼바다 파도 소리가
굴렁쇠에 감겨 굴러오는 날
이삿짐이라곤
아들의 품에 안긴 봉안함 하나
구순을 견뎌 남은 흔적이다

떨리는 손이
소나무 쇄골에 명패 하나 걸어주면
당신은 이제 피안의 백성
불립문자들이 나비처럼 날고 있다

어머니, 이제 발돋움하시면
까치놀 피는
먼바다도 바라보고

가끔은
두고 온 피붙이들 생각
사무치는 그리움 홀로 삭이시리라

원관념을 숨기다

양은 도시락에
노란 보름달 하나 따서 담았다

파도의 낱장 속에 반짝이던
새끼멸치 장조림
단짠단짠 윤기 나던 검은 콩자반
아삭아삭 매콤 김치 몇 조각

한숨 소리 불붙여
꽁보리밥 길게 뜸 들이던 어머니
원관념을 숨기시려고
닭장에서 방금 꺼낸
달 하나를 익히셨다

교실 창밖엔 푸지게 내리는 눈
조개탄 난로, 제 속 끓이며 쉭쉭 타오르는데
난로 위엔
양은 도시락의 아찔한 에펠탑
누룽지 익는 냄새 아니, 내 달 졸아드는 냄새가 났다

나는 얼른 젓가락으로 달을 집어
어머니의 숟가락에 내려놓았다

여행 1 외 2편

길에서 처음 만난
운무를 따라서 가는 것

생기로운 초록물에
생각없이 풍덩 빠지는 것

기억 저편에 친구가
불쑥 찾아와 안기는 것

파도가 잠든 바닷가 찻집
낮달맞이꽃을 보는 것

오래된 옛길을 걷다가
추억과 함께 집으로 가는 것

여행 2

낯선 곳이 그리울 땐 그럴듯한 제목을 붙여
혼자이거나 가족, 친구와 떠나는 것

걷거나 타거나 바다에서 하늘까지
골고루 교통수단을 두루 애용하는 것

처음 들린 곳에서
사람들의 작은 친절에 미소를 띄우다가
작은 배멀미에 약한 모습 보이다가
우연히 눈에 띈 도시 한가운데
노란 애기똥풀에 탄성을 내다가
서로 다른 의견으로
발끈하는 다양한 성격을 보는 것

돌아오는 차 속에서 다음 여행지를 그려보는 것

틈

전철 승강장, 스크린도어가 열리면 맨 위쪽
바닥면과 면이 이어진 1센티 틈에서
웃자란 강아지풀 바람에 몸을 맡긴다

학교 벽돌담과 보도블럭 틈 사이 흙 속에서
개망초, 토끼풀 등이 들쑥날쑥 키 자랑하며
살아있는 벽화로 담을 꾸민다

사람들 사이에서
자신의 목소리를 내지 않는 조용한 사람들
묵묵히 미세한 틈새를 메꾸며 살아간다

하룻밤 지나면 새롭게 태어나는 시詩
그 많은 시 속에서 틈을 비집고
자리를 잡으려 머리를 곧추세우는 나의 시

최수경

그분 외 2편

우리나라 최고의 여류시인이신
온화한 미소 가득하다고 느낀 첫인상
품위 넘쳐도 엄해 보이지는 않았다
지금은 백수 가까이 되셨을

특별한 인연으로 동두천에서의 만남
자유수호평화박물관
전쟁에 관한 시비를 건립할 때
김남조 시인님의 "평화"를 적극 추천했다
시비가 세워진 후 이곳을 방문
의미 깊은 문학 강연 답례로 하시고
나에게 고맙다며 그분 명의로 감사패를 주셨다
헤어지기 아쉬워 전방 쪽을 한 바퀴 돌면서
포도 익어갈 무렵이라 한 상자 선물로 드렸더니
서울 오면 꼭 연락하라시며 두 손 잡아주시던
오늘 문득 그분의 안부가 궁금하다
찾아가면 폐가 될까 이후 가까이 뵌 적은 없지만
매스컴이나 책자에서 의자에 앉아계신
여전한 모습 반가웠을 뿐
세월 한참 흘러 나를 기억 하시려나
지난날을 생각하며 만수무강을 빕니다

긍정을 걸었다

아무리 소중했던 시간도
덧없이 흘러가고
들숨과 날숨의 공간일 뿐
설렘이던 순간도 희미해

나그네라면 머물러주오
마음 한 자락 얻기 위해
나는 무얼 했나
간밤의 몽환은
즐거운 탈선

종일 불볕더위
갑자기 세찬 바람 불더니
먹구름이 비를 몰고 올 기세다
요란한 천둥 번개는
시원한 비를 뿌리지 못하고
호우주의보가 무색해진
하늘도 못 믿을 하루가 저물어도
빈 잔에 내일을 위한 풍요를 채워
찰랑찰랑 넘칠 듯 환희를 마신다

폭우

물 폭탄
한반도를 할퀴고 간다

채 익기도 전 다 떨어져 버린 과일들
60대 여인이 동네 하천에 휩쓸려
떠내려갔다는 소식 더욱 안타까워
해마다 장마철이면
홍수특보가 내려지고
넘치고 무너지는
강도는 빈도를 겹친다
속수무책으로 당하는 재해

습기로 눅눅해진 집안 공기
인제 그만 비 그치기를 기다리자
뜨거운 햇살로 보송보송하게 말리면
또 푹푹 찌는 더위를 견뎌야 한다
폭우도 폭염도
자연의 섭리에 순응해야 하는
고단한 삶이 아닌가

딱, 약 올리는 거리 외 2편

텃밭에 무씨를 파종한다

어디서 지켜봤을까
잠시 자리를 비운 사이 후루룩 날아와
땅을 헤집고 무씨를 발라내는 비둘기
단톡방이라도 있는 걸까
금세 여럿이 된다
훠이, 훠이 소리를 지른다
못 본 체 못 들은 체
돌멩이를 던져도 끄덕도 않는다
약이 바짝 올라 후다닥 돌진했지만
포르륵 날아올랐다
내 발길질이 닿지 않을
딱 그만큼만 멀리 내려앉는 놈들

장대가 닿지 않는 거리만큼
호르륵호르륵 날아올라
자리를 옮겨 앉는 나락 논 참새떼
그들을 쫓아 이리 뛰고 저리 뛰던
예닐곱 내 유년이 끝내
앙, 울음을 터뜨린다

메꽃

길가 풀섶
키 큰 개망초꽃 목덜미를 타고 오른
메꽃 한 송이

논두렁에
밀밭 한 귀퉁이에
오솔길 달맞이 꽃대에
있는 둥 없는 둥
어쩌다 보이는 꽃

찢긴 꽃잎에 눈길 주다
돌아서는데

어디서 본 듯한
누군가를 닮은 그 꽃

있는 둥 없는 둥
낮엔 보이지 않다가
밤 깊으면
어쩌다 집에 들렀다 급히 떠나는
낯선 아버지

그 아버지를 붙잡고 살아가는
어머니는 메꽃이었다

시래기 된장국

시래기 된장국을 먹을 땐
낫으로 무청을 뭉텅 잘라 던져주는 할아버지와
그걸 넙죽 받아먹고 불끈불끈 힘을 쓰던 황소가 떠오른다

사랑채 뜰에 쪼그려 앉아 담뱃대를 소지하던 할아버지
댓진이 잔뜩 끼어있는 담뱃대
담배설대 좁은 구멍에 지푸라기를 밀어 넣어
그 속에 낀 댓진을 훑어내고
그 구멍에다 된장국물을 조금씩 흘려 넣던 당신

설대 안 댓진 찌꺼기가 된장국물에 씻겨나왔다

시래기된장국을 먹을 때는 힘이 풀풀 나고
내 속에 담뱃진처럼 들러붙었던 온갖 때가 씻겨 내려가는 것 같다

그런 날은 잠도 잘 자고
꿈도 잘 꾸는데
쇠파리를 쫓던 황소 머리에 받혀
논두렁에 굴러떨어져 고생하시다 가신
할아버지를 만나기도 하고
무청을 엮어 북쪽 바람벽에 내걸고 종일 나를 기다리던
고향집 엄니를 만나기도 한다

한명숙

오래된 통장 외 2편

낡은 상자 속에 겹겹이 쌓여 있는 오래된 통장들을 보았다 입금보다 출금이 더 많았던 신혼이었다 계동 한옥마을 처마가 내려앉은 마당 없는 집이었다 문간방에서 주인집 발소리에도 예민하게 울던 아이를 업고 달래다 보면 새벽이 왔다 바가지에 떠놓은 물은 꽝꽝 얼고 아이의 발가락도 시퍼렇게 얼었다 아무리 따뜻하게 가계부를 써도 마이너스 기온은 올라가지 않았다 그럴수록 더 많이 웃었다 눈물이 헤픈 것보다 웃음이 헤픈 쪽을 택했다 가난했으므로 우린 서로의 벽이 되어줄 수 있었다 잔고가 없어도 결코 버릴 수 없는 희망이라는 통장이 우리에겐 있었다

슬프다 말할 수도 울 수도 없던,

다들 그렇게 사는 줄 알았던 시절이 오래된 통장 속에 저축되어 있다

견딘다는 건

툭하면 돌부리가 나타나 발목 잡아
나에게만 이런 일이 일어나는 거냐고
억울한 기분에 젖어
무너져 내렸었다

부딪히고 깨지면서 상처로 얼룩져도
나에겐 버티는 것만이 최선이라
버리지 못할 바에야
오늘만 살자 했다

삶의 그림이 퍼즐 조각 맞춰지듯
맘처럼 빛나는 순간만 있었다면
한순간 흔들림에도
견디지 못했을 거다

가을 앓이

바람이 슬며시 다가와 옷깃을 잡고
너와 나의 이별에 대해 묻지만
모른 척 서둘러 앞서 걷는다

눈빛만 주고받아도
즐겁던 우리들의 시간을
바람은 아직도 기억하고 있나보다

더러는 겉으로 드러내놓고 말을 해야
더 애틋해질 수 있다는 것을
우리는 왜 몰랐을까,

어쩌면 그런 우리들이기에
아름다운 추억으로 남아
그리움으로 읽히는 것이 아닐까,
떨어지는 잎새에 그리움을 적어본다

침령산성* 꿈꾸는 우물* 외 2편

–후백제 견훤의 꿈을 엿보다

그대는 천오백년 역사를 물길로 이어 올린
금강 원천의 솟는 샘물이요
고대의 왕과 장수들이 백두대간을 넘기 전에
숨을 달래던 회복과 진군의 나팔이었네.

산성의 연인같은 봉화산과 솟은 깃대봉 바라보며
가야국 옛 성터 장계長溪를 지켜온 눈동자여,
백오십년은 가야가 이 산성 안에 기반을 닦고
백제의 왕들이 깊이 보듬어 왔구려.

산맥을 호령하던 의자왕의 땀이 배인 산성과
백번 눈물을 닦아내던 슬픈 역사를 간직하고
견훤왕마저 왕건을 끝내 막지 못하니
스스로 무너져 내린 백제의 돌들 한숨짓네.

천년 긴 날 흙 속에서 잠들어 오던 치성의 보물,
고고학자의 손으로 눈을 번쩍 뜬 이 우물이
봉화대로 자꾸 희망의 신호를 보내고 있네.
아, 그대는 빛나는 눈동자, 한국고대사 야외 박물관*!

* 전북 장수군 장계면 위치. 반파가야 이후 여러 나라의 요충지인 고대 산성.
* 침령산성 내에 돌로 쌓은 거대한 원형 집수조.
* 가야, 백제, 신라, 후백제의 축성의 역사를 보여주고 있으며 고대 4국의 유물들이 함께 발굴됨.

백당춘망白堂春望

전설같은 높고 슬픈 불꽃*이 하늘로 오르던 날 이미
잿빛 상처자리에 긍정이라는 씨앗이 심겨졌습니다.

하늘 높이
- 나의 실수도 얼룩도 말끔히 태워 보내졌다는 날*

오로지
얻은 것은 영혼의 자유와 순간에 깨달음.

어린아이 같은 웃음이 가슴에 배어 오더니
그 속 깊이 예술혼이 가득 담겨졌답니다.

매일 마음은 붓 하나 들고 전국 산수를 누비고
밤마다 영혼은 우주에서 춤을 춥니다.

바람이 성긴 솔밭 지나면 소리가 머물지 않듯
구름이 기암 절벽 지나면 안개도 사라지듯

수묵 산수에 젖어 몸까지 깊은 자연속 그림이 되어가며
한국 산수화의 한 맥을 겸허히 이어갑니다.

깃발처럼 펄럭이던 영감靈感
그리고 메아리처럼 되돌아오는 깨달음

허허
- 알고 보니 모든 게 내 것은 없었구려!*

겨울은 벌써 지나고
내아 마을에 꽃은 피고 새들이 노래합니다.

봄날 여백과 나비 같은 여유로움에
장자莊子같은 꿈을 그리시렵니까?

찬란한 자연의 속삭임을 가슴에 담아
우주의 형상을 그려보시렵니까?

* 2016년 첫 예술관인 청우헌은 준공 즉후에 화재로 손실. 그 자리에 2023년 4월 20일 백당갤러리로 다시 세워짐.

* 백당의 어록에서.

* 백당 윤명호, 여니 윤수연 부녀 백당갤러리 설립 헌시.

꽃샘

봄맞이 하려
남쪽 고향에 내려 갔다가

산꽃도 못보고
님도 못보고

산비만 맞다가
고뿔만 잡히고 왔는데

동네 어귀에
수선화가 눈물로 짓네

땅에 붉게 피울 줄 모르는
늦게 핀 춘백*에 헛가슴 치니

이 꼴도 보기 싫은지
쎈 바람이 달려와 뺨을 때리네

막걸리에 육자배기 두드리다가
고뿔만 더 도지고 올라가네.

* 춘백, 봄에 피는 동백 일종. 꽃색은 덜 붉고 동백처럼 통째 떨어져서 땅에 피우지 않는다.

해솔

9월 지나면 외 2편

날마다 짧아지는 우리의 날
땅에 떨어져 지워진 그림자와
너무 멀리 있어 만나지 못하는
바싹 마른 꽃 잎의 의미 모두
그립다는 말과 함께 삼켰다

동쪽에서 서쪽으로 돌아
잎 등지고 핀 그들의 칩거에
번번이 흐려진 찌릿한 기억과
감당할 수 없는 예찬들 앞
부서진 입술의 소묘를
그리기로 작정했다
9월 지나 허락된다면

부재

두근거림 없는 6월과 9월
주인 없이 취한 그리움은
밖으로 향하지 못하고
푸르스름한 기억을 오간다

비릿한 균형에 밟혀
어깨 부딪힌 순간들
깨어진 어둠을 걷어내듯
삐걱대는 세상 본성을 따른다

여기에서 사라진
더 많은 것들은
몇 번의 소란으로
명치 언저리에 걸려
혼자 혹은 그대 혼자
9월 부재는 붉고 길기만 하다

상실

눈썹 밑 서걱대는 바람길
비에 젖지 않는 바다와 마주한다

발목까지 빠져
물길 쪽으로 누운 꽃들의 기침

거울 저편 낮은 통증
바람에 찍힌 숨들의 기억

오른쪽 늑골 아래
으스러질 한백년의 염증

몇 천 날 하고도 몇 날을
상실의 이유는 묻지 못했다

바람의 노래 외 2편

눈발은 잦아들고
텅 비어있는 하늘 아래
백설로 뒤덮인 통정리 외딴 마을
어둠을 안아주던 그 사람이 살고 있다

눈 내리던 때가 엊그제 같은데
초록이 들판을 물들이고
콘크리트 사이로 피어나는
이름 모를 잡초와 작은 꽃들

논두렁 밭두렁 새싹의 기지개
들녘 한편 익어가는 봄볕
물오른 버드나무 사이로
흐르는 물빛에 내려놓은 무게들

통정리 봄 산허리에
들꽃으로 앉아
바람의 노래를 묻고 싶다

섬

예순두 계단을 밟으면 섬이 있다

모두 잠든 고요와 고요를 더하는 시간
지도처럼 번져오던 상처가 깊어질 때
나는 고요와 한데 섞여 물들어가고
더 많은 시간이 지나가면 지도와 섬 사이
작은 다리를 밟고 고요가 건너가기를

초록이 몰려와 이 세상 물들이고
새소리에 잠들던 고요가 깨어지기를
보이지 않는 것이 보일 것 같은
들리지 않는 것이 들릴 것 같은
고요가 흐르는 섬에서 물들고 있다

격리

생각마저 부서져 간다
인내를 키워야 하는
답답한 행복이다

발걸음 소리 들리지 않는
또
하 루 가
섬에 갇혀 빛바래 간다

현미정

방전 외 2편

속마음 감춘 깊은 곳
여인의 저고리
붉은 옷고름 끝 동 처럼
막 물들려 하노니

핏물처럼 붉은
채송화 홀홀 피워대던
한 마리 새

시간의 페이지 속
묵은 그림자
시월 설악의 채색으로 남아있노니

바람은 멈추지 않는다

바람은 멈추지 않듯
욕망은 멈추지 않는 바람
젊음은 욕망을 싣고
멈추지 않는 인연을 따라
그냥 흘러갈 뿐이다
그대와 나
멈추지 않는 바람에
피고 지는 일생
바람은 멈추지 않는다

탄천의 비밀

흐름이 멈춘 듯 고요의 탄천
바람이 살며시 지나가며
발자국 남기네
물결은 비단 무늬 그려져
소설 거리면

흰 백로 한 마리 날개 접고 하늘 보면 마치
치맛자락 속 언뜻언뜻 보이는 황진이의 하이얀 맵시 버선발

조용한 실루엣 바람에 흔들리는 능수버들
시나브로 떨어지는
황진이의 품위 있는 춤사위 소맷자락인듯해라

붉은 노을은 물감처럼 물결에
풀어져 흐르네

隨筆

내 생애 마지막 주소

이런저런 생각을 해 봅니다.

사람은 참 이기적이라는 생각이 듭니다.

내 생애 마지막 주소가 될 집을 짓기로 하였습니다.

집을 허물기 전, 손바닥 크기의 뜨락에 내려섰습니다.

명자나무·덩굴장미·호두나무·진달래·복숭아나무·탱자나무·호랑가시나무·박태기나무·사철나무·느티나무·수수꽃다리·감나무·주목·모과나무 등 마당에 있었던 나무의 종류를 불러 주는 남편은 자기만의 회상기도 덧붙입니다. 도회지에서 나고 자란 나의 정서와는 조금 다릅니다.

경기도 이천 시골에서 온갖 나무, 식물들과 소, 닭, 염소, 돼지, 토끼 등과 어우러져 살았던 남편의 어린 시절과 저의 정서는 감성적으로 다른 부분이 많이 있습니다. 부럽기도 합니다. 감과 호두와 모과는 가을에 이웃과도 나누었고, 호두나무가 무성해져서 잘라낼 때는, '호두나무를 곡哭하노라'는 글을 쓰기도 했습니다.

이렇게 오랜 세월 함께 살아오며 묵언과 묵상으로 살림을 지켜보던 마당에서 함께 시간을 보낸 그들이 아니던가 싶습니다. 그사이 아이들도 커나갔고, 키우던 개들도 천수를 다하여 마당 한 귀퉁이에 묻으며 영원 안식을 기도하기도 했습니다. 그 저간의 사연들을 고백성사하듯이 생각해 봅니다.

그런데, 인간은 때로는 참으로 이기적인가 싶습니다. 말로는 '자연과 더불어'를 입에 달고 살지만 어떤 형편에 놓이게 되었을 때는 가차 없이 파내고 드러내고 쳐내고 하는 겁니다. 심어서 가꿀 때는 십 년, 이십 년 걸리던 세월이 한나절 만에, 순식간에 이별을 고하고야 말았습니다.

지금도 매해, 첫봄이 되었을 때마다 피어오르는 명자꽃을 바라보며 동네 사람들이 한참을 서서, '곱다, 곱다'하고 바라보시던 모습이 떠오릅니다. 이제는 사람만이 아니라 마당 뜨락의 자연물들도 잊어야 하는 시간이 왔습니다. 무엇과도 대치代置할 수 없는 그리움과 허허로움입니다.

이기적인 생각을 했기 때문에 결국 시멘트 건물에 앉아서 숨 쉬고 살아가는 오늘의 모습으로 앉아 있습니다. 자연물이 없는 주변 환경은 삭막하기 그지없다는 느낌입니다. 생각해 보면 지난날, 손바닥 크기의 뜨락에서 나무와 꽃들과 함께 향유하던 그 시절이 있었기에 정서적으로 순화되고 계절 감각을 느끼며 감성 어린 풍요로움 속에서 사람도 개들도 뛰놀며 잘 살아오지 않았는지 회상해 봅니다.

지금은 추억으로 음미하며 시멘트 건물 베란다에서 가꾸는 몇 분盆의 화초로 그리움을 달래고 있습니다. 자연물이 주는 위무慰撫에 비할 수는 없지만 좋은 마음, 좋은 기운, 좋은 언어로 채워야겠다는 마지막 주소지에서의 작은 염원으로 손 모으고 살아갑니다.

김낙완

일당백 외 1편

이틀째 눈이 내린다. 온 세상이 하얗다. 쏟아지는 눈을 바라보니 심장이 쿵쾅거린다. 결국 집을 나선다. 눈이 발목까지 쌓여 있다. 숱한 이들이 오가던 아파트 인도에 발자국이 하나도 없다. 태고의 모습처럼 엄숙한 고요와 순수가 펼쳐있다.

내가 길을 낸다. 뽀드득 뽀드득 소리를 내며 눈이 아프다고 신음한다. 얼굴에 사뿐히 내려앉는 눈이 반가워 고개를 들어 하늘을 본다. 얼굴 위로 눈이 마구 쏟아진다. 환호성이 입안을 맴돌다 목울대 넘어 조용히 사라진다.

며칠 전에도 첫눈답지 않게 많은 눈이 내렸다. 수 년 동안 이처럼 많은 눈이 내린 적이 없었다. 거기에 가뭄을 걱정했던 터라 더욱 반가웠다. 잃어버린 겨울 낭만을 되찾은 것은 덤이었다.

크리스마스가 눈앞이다. 그러지 않아도 설레는데 화이트 크리스마스에 대한 기대로 가슴이 고무풍선처럼 부풀어 오른다. 기쁨은 이게 다가 아니다. 분당에 사는 맏손녀가 보낸 크리스마스카드가 서설 따라 도착한 것이다.

예전에는 크리스마스 무렵이나 연말연시가 되면 카드나 연하장을 적지 않게 받았다. 해마다 백여 장을 받았다. 거실에 빨랫줄처럼 노끈을 매달거나 문짝마다 'ㄹ'자 모양으로 노끈을 두르고, 그곳에 카드를 걸어두었다. 형형색색의 카드와 연하장은 기묘한 조화를 이루며 방안을 곱게 장식하였다. 설치예술 수준이었다. 두 달 정도 내게 행복을 안겨주곤 하였다.

컴퓨터와 휴대폰의 보급에 따라 시나브로 카드와 연하장이 줄어들었다. 그리고 언제부턴가 서서히 자취를 감추었다. 그 자리를 카톡과 문자가 대신하였다. 그것들은 빠르고 편리하지만, 예쁜 카드에 마음을 꾹꾹 눌러 담아주던 것에 비하면 어쩐지 아쉽고 허전했었다.

세상의 변화와 관계없이 내겐 아직까지 손녀가 보낸 크리스마스카드가 배달된다. 그 아이는 글을 익힌 대여섯 살 이래 한 번도 거르지 않고 카드를 보내주고 있다. 올해의 폭설과 한파도 가로막지 못했다.

봉투를 열어 카드를 꺼낸다. 크리스마스트리 앞에 눈사람이 서 있다. 추운지 눈사람이 빨간 털모자를 쓰고 있다. 귀엽고 멋지다. 트리에는 색색의 장식등이 켜져 있고 꼭대기에는 커다란 샛별이 밤하늘을 밝히고 있다. 하늘에서는 함박눈이 하염없이 내리고 있다.

조심스레 카드를 펼친다. 순간 입이 딱 벌어지고 탄성이 흘러나온다. 카드 양쪽 하얀 바탕이 꼭 시베리아 벌판 같은데, 그 위에 쓴 스물두 줄씩의 문장이 마치 사관생도 열병하듯 조금도 삐뚤어지지 않고 반듯하게 정렬하고 있다. 글자는 활자처럼 단정한 차렷 자세다. 손녀의 성품이 그대로 엿보인다.

안부 인사에 이어 《월간문학》 수필 부문 신인 작품상을 수상한 것을 다시 축하해주고 있다. 아울러 좋은 글을 많이 써서 자신이 받은 것과 같은 기쁨을 독자들에게도 안겨주라는 당부를 잊지 않았다.

그리고 올 한 해를 회고하였다. 고등학교 2학년을 정신없이 보내면서 늘 자신을 채찍 하였단다. 바쁜 일과에 매몰되어 왜 바삐 사는지도 모른 채 삶의 목표를 잊지는 않았는지 말이다. 누군가가 "너 왜 그렇게 바쁘게 열심히 살아?"라고 물을 때, 망설임 없이 그 까닭을 당당하게 말할 수 있도록 깨어 살려고 애썼다는 것이다.

글을 읽으면서 몇 년 전 손녀와의 대화기 떠올랐다. 중학교에 갓 입학한 후였다. 장래 진로에 관한 대화를 둘이서 나눈 일이 있었다. 아이가 의사가 되고 싶다는 포부를 밝혔다. "왜 의사가 되려고 해?" 나는 그동안 작가나 외교관을 권유해왔던 터였다. 감수성과 상상력이 뛰어난 아이였기 때문이었다. 그 아이 어릴 적 수다를 들으며 늘 '빨간 머리 앤'을 떠올리곤 했었다.

손녀는 소꿉놀이할 때 특히 병원 놀이를 즐겨하였다. 물론 아이는 언제나 의사요, 나는 환자였다. 꼼꼼하게 문진하고 진찰하고 처방한 다음 약을 조제해 주고 주사도 놓아주었다. 덧붙여 주의사항도 빼놓지 않았다.

"의사가 된다면 어떤 의사가 되고 싶은데?"라고 내가 물었다. "이종욱 전 세계보건기구 사무총장이 내 로망이야."라고 아이가 망설임 없이 대답하였다. 인류의 보편적 의료 복지를 위해 일하고 싶다는 것이었다. 특히 아프리카 등 후진 지역의 의료체계를 돕고 싶다고 힘주어 말했다.

늘 어린애로 보이고 응석을 부릴 것만 같았던 아이가 언제 이렇게 훌쩍 자랐나 싶어 놀랐다. 내 소망을 접고 아이의 꿈을 지지하기로 마음먹고 격려를 아끼지 않았다. 아이는 자신의 꿈과 '꿈 너머의 꿈'을 위해 맞갖은 노력을 게을리하지 않았다. 대견하면서도 빠듯한 일상과 어디서든 머리만 기대면 잠드는 모습에 안타까움을 금할 수 없었다.

시간을 본 단위로 쪼개 쓰는 손녀가 보내준 크리스마스카드가 내 책상 위에서 한겨울의 추위에도 뜨거운 열기를 뿜어내고 있다. 한때 방안을 꾸미던 카드와 연하장이 모두 끊긴 요즈음, 단 한 장의 크리스마스카드가 방안을 지키고 있다.

그것은 길고 추운 겨울 속에서 외로움을 달래줄 뿐만 아니라 내 가슴에 기쁨과 보람의 꽃을 피운다. 그야말로 '일당백'이다.

애비

노래 한 곡이 나를 온통 흔들어 놓았다.

> 가뭄으로 말라버린 논바닥 같은
> 가슴이라면 너는 알겠니
> 비바람 몰아치는 텅 빈 벌판에
> 홀로 선 솔 나무 같은 마음이구나

'불후의 명곡'에서 가수 '린'이 부른 노래 가사의 일부다. 이 노래는 최백호 씨가 작사·작곡한 것인데, 그가 딸을 시집보내며 지은 것이란다.

린은 그 방송에 출연하기 얼마 전에 결혼했다. 그녀는 결혼하고서야 비로소 친정아버지의 심정을 헤아리게 되었다고 술회하였다. 그래서 신혼여행을 하던 일주일 내내 그 노래를 흥얼거리며 아버지를 그리워했다고 한다.

그 노래를 들었던 한 해 전에 나는 집사람을 잃었다. 그때의 내 심정이 딱 노래 가사 그대로였다. 가뭄으로 말라버린 논바닥 같았고, 비바람 몰아치는 텅 빈 벌판에 홀로 선 솔 나무 같은 마음이었다.

최백호 씨는 시집 보내는 딸을 그리워하며 눈물로 노래를 지었고, 린은 아버지를 그리워하며 흐느낀 채 노래를 불렀다. 나는 노래 들으며 집사람에 대한 그리움으로 울었다. 하나의 노래를 두고 각기 다른 사연으로 운 것이다.

린의 노래가 이어졌다.

> 그래 그래 그래 너무 예쁘다

새하얀 드레스에 내 딸 모습이
잘 살아야 한다 행복해야 한다
애비 소원은 그것뿐이다

이 대목에 이르러, 나는 지어미를 잃은 지아비에서 시집보낸 세 딸의 아버지가 되었다. 노랫말은 딸들의 결혼식장에서 수없이 되뇐 것들이었다. 세 딸 모두 참 예뻤다. 세상에서 그보다 더 아름다운 신부는 없었다. 포근한 친정의 품을 떠나 낯선 시댁으로의 출가는 딸 둔 부모에게는 근심 그 자체였다. 부디 잘 살아야 한다고, 행복해야 한다고 빌고 또 빌었다.

아장 아장 걸음마가 엊그제 같은데
어느새 자라 내 곁을 떠난다니
강처럼 흘러버린 그 세월들이
이 애비 가슴 속에 남아 있구나

딸들의 재롱에 세월을 잊고 살았다. 시집간다는 것은 머릿속의 일이지 가슴속의 세상에는 없었다. 그런데 어느 날 불쑥 새하얀 드레스를 입고 시집간다며 내 앞에 서 있는 큰딸이 얼마나 낯설었던지 모른다. 조금 더 잘해줄 것을, 조금 더 따뜻하게 안아줄 것을, 강처럼 흘러버린 그 세월이 야속하기만 하였다. 둘째와 막내도 마찬가지였다.

그래 그래 그래 울지마라
고운 드레스에 얼룩이 질라
참아야 한다 참아야 한다
애비 부탁은 그것뿐이다

우리 할머니와 어머니 세대는 시집가서 벙어리 3년, 귀머거리 3년, 소경 3년을 살았다고 들었다. 혹독했던 시집살이는 차라리 형벌처럼 느껴졌으리라. 이미자 님은 〈여자의 일생〉에서 '참을 수가 없도록 내 가슴이 아파도 여자이기 때문에 참아야만 한다'라고 노래하며 우리를 울렸다.

세상이 변해서 시집살이는 이제 옛말이 되었고 전설 같은 이야기가 되었다. 오히려 요즈음에는 남자의 수난 시대가 시작된 것 같다. 그럼에도 불구하고 나는 여자의 시집살이가 낙인처럼 머릿속에 박혀 시집가는 딸들을 마냥 웃음으로만 배웅할 수 없었던 모양이다.

언젠가 가족이 모두 모인 날이었다. 내가 아이들에게 〈애비〉를 들려주었다. 화기애애했던 집안 분위기가 침통해지고 딸들의 눈가에 이슬이 맺혔다.

"이 좋은 자리에서 지금 뭐하시는 거예요?" 딸 하나가 물었다.

"내 장례식 장송곡으로 이 노래를 들려달라고…." 내가 말했다.

"그러잖아도 슬플 텐데 이 곡을 틀어달라고요? 자식 죽일 셈이에요?" 다른 딸이 눈물을 훔치며 목멘 소리로 대꾸하였다.

다행히 딸 셋 모두 행복하게 잘 살고 있다. 특별히 참아야 한다고 당부할 일도 없이 말이다. 감사할 일이다. 그렇지만 장송곡으로 〈애비〉를 듣고 싶은 마음은 변함이 없다. 딸들이 행복하게 살기를 바라는 친정애비의 바람은 끝이 없나 보다. 새하얀 드레스를 입은 세 딸의 모습이 백합처럼 순결하게, 공작처럼 우아하게 눈앞을 스친다.

김다솔

꽃샘바람 외 1편

내 기억 속의 봄바람은 시들어가던 꽃들의 끈질긴 생명력을 담아 흘렀다. 그 시들어가던 꽃들의 마지막 힘으로 불어온 바람은 마치 기다려온 어린아이가 돌아오는 듯 따스한 감동을 안겨주었다. 그 순간, 산들도 마음을 낮추며 바람이 부는 방향을 따라 고개를 숙였던 것 같다. 자연마저 그 바람의 의미를 알아차리는 듯했고. 그것은 아린 아픔이었다.

봄이 강둑을 지나가면서 풀잎들은 새로운 성장을 위해 자신의 아픔을 희생했다. 봄이 지나가는 강둑에는 여린 풀잎들은 아픈 생을 던져야 했다. 그래서 배고픈 사람들의 나물 바구니 속으로 들어가 풀잎들은 그들의 목마름을 달래주는 양식이 되었을 것이다. 녹색 들판 가르는 바람 속에서 풀잎의 상처는 짙어가고 그 상처 비비며 우리는 성숙해져 갔다.

때로는 생명도 아픔을 지나고 새로운 희망을 심어주는 것이었다. 꽃샘바람은 아린 아픔이었지만, 기다리던 봄이 찾아오는 것 같은 훈훈한 기다림이었을 것이다.

녹색 들판을 가르는 바람 속에서 풀잎의 상처는 점차 깊어져 갔지만, 그러나 그 상처가 더 깊어질수록 풀잎들은 더욱 강인하게 자라나며 성장했다. 마치 우리 인간들의 인내를 견뎌내는 힘을 닮아있는 것처럼, 봄이 지나가면서 성장하는 식물들도 아픔을 경험하며 자신의 생명을 희생한다는 것은, 내가 어른이 된 시점에서야 어린 시절의 경험과는 다른 시각에서 세상을 바라볼 수 있게 되었다.

하지만 추위를 뚫고 피어나는 어린 꽃들은 쉽게 피어나지 못하고 사라져야 하는 아픔을 안고 있었다. 추위를 뚫고 올라오는 어린것들은 한 송이 꽃조차 피우지 못하고 사라져야 하는 슬픔조차 뒤로해야 했다. 일부 사람들은 불로초를 운운하며 그 아픔을 무시하며 희화를 불렀다. 그럼 에도 꽃들은 불로초처럼 용기를 내며 미소를 지었다. 그들이 피어나는 모습은 어린아이들의 순수함과 인내를 닮아있었다. 그러나 아무도 몰래 싹둑 잘려나가는 풀들의 향기가 바람에 실려 강가로 향하는 것을 보며, 이러한 식물들의 희생은 배고픈 사람들의 먹거리가 되어 그들을 먹임으로써 또 다른 생명을 이어주는 의미를 부여하고 있었다.

"꽃샘바람"의 소중한 메시지는 지금의 내 가슴 속에 남아 우리의 아픔과 희생을 통해 더욱 강인하게 자라날 수 있다는 것을 알려주고 있다.

봄나물 가득 찬 바구니를 이고 집으로 돌아오시는 어머니의 모습이 그리워진다. 어머니의 사랑과 희생이 그 바구니 속에 담겨 있었다. 그때의 아름다움과 따뜻함이 내 마음속에 피어나며, 그 추억은 나를 감싸 안았다.

싹둑 잘려나가는 모호牡糊의 향기들 꽃샘바람에 실려 가는 강둑에서 모호한 냄새를 풍기는 식물들의 향기가 바람에 실려 가며 강가로 향하고 있다는 생각을 하며 나는 어떤 아픔이나 희생 속에서도 향기로운 측면이 발견될 수 있다는 것을 알 수 있었다. 그 아픔은 더 큰 희망과 성장을 위한 밑거름이 되고, 그 향기는 우리가 이루어가는 여정을 달게 하는 동력이었다. 그리고 그 모든 것은 우리가 무엇을 겪든지 간에, 어머니의 사랑과 희생으로 이어져 있음을 떠올리게 된다.

비의 노래

비가 내리면 그 빗소리가 바람과 함께 내 곁에 닿을 때, 나의 감성은 마치 눈부신 음악의 소리가 툭 치고 가는 듯합니다. 부드럽게 떨어지는 빗줄기는 마치 어린아이의 손길처럼 마음을 놓게 만들어 줍니다. 그러다가도 고요하게 흘렀던 음률은 휘청거리다 무너지며, 지난 상처들을 몰고 오기도 하고 그 소리와 함께 내게 와락 달려들기도 합니다. 때로는 비의 흐름에 몸을 맡기며 길 위에 무릎을 꿇어 넘어지곤 합니다. 마치 동구란 음표를 그리며 미끄러지는 듯한 느낌으로 쓰러집니다.

그럴 때, 비의 모습은 브람스의 소나타 1번을 연주하는 듯하게 들려옵니다. 그 애절한 음악은 마음을 감미롭게 울림으로써 과거의 아픔을 자극하고, 그럼 에도 불구하고 어떤 안정감을 줍니다. 비의 소리는 마치 악기를 연주하듯 다채롭게 들려옵니다. 그 소리는 내 마음속 깊은 곳에 쌓여있던 진실들을 끌어내어 보이게 합니다. 이내 과거의 감정들이 모여, 얼굴을 내밀며 나를 바라보게 됩니다. 그 순간, 넝마의 조각과 마른 잎마저도 나를 조롱하는 듯한 모습으로 보입니다. 하지만 그 모든 것은 비의 가벼운 손길처럼 스쳐 가며 사라져버립니다.

비의 음악은 고통을 전달하며 동시에 어떤 종결을 암시합니다. 아련하게 울려 퍼지는 비의 노래가 조용히 끝날 때, 아침이슬과 같은 촉촉한 바람이 숲 속의 나뭇잎을 깨우고 일으킵니다. 마음속의 빗줄기도 서서히 사라지고, 마치 꿈속의 방청객이 된 나 자신을 관찰하게 됩니다.

때로는 물레나물 꽃 환한 미소로 길을 열어주는 듯합니다. 그 화려한 꽃들은 마치 인생의 여정에 또 따른 길을 비춰주는 것처럼 보입니다. 비의 노래로부터 얻은 깊은 감정들은 마치 꽃처럼 아름답게 핀다고 느껴집니다. 그리고 마침내 나는 비의 노래로 인해 마음 깊은 곳에서 찾아낸 풍요로운 감정으로 아름다운 인생의 길을 걸어가는 그 순간을 읽게 됩니다.

김우

고종의 똥자루 외 1편

제가 아주 어렸을 때 아버지께서는 8남매의 우리에게 이것저것 많은 이야기를 해 주셨습니다. 지금 이야기하고자 하는 내용은 그중에서도 가장 강렬하게 기억되는 이야기입니다.

이야기는 이러합니다. 일본을 위시해 서구 열강이 호시탐탐 조선을 노리는 엄혹한 구한말에 어린 고종이 조선의 왕위를 계승하기로 결정이 되었습니다. 어린 고종은 세상 물정 모르는 유약한 존재인데 정치적 결정에 의해 본인의 의사와는 무관하게 왕위 계승자로 발탁된 것이지요.

'면장도 논두렁의 정기를 받아야 한다.'라는 어른들의 이야기가 있지 않습니까?

아무나 왕이 되지 않습니다. 그래서 한양 도성의 내놓으라 하는 이른바 사주 관상 전문가들이 총동원되었습니다. 즉 앞으로 조선 천하를 지도할 사람에게 이른바 왕재王才가 있나 없나를 알아보려는 것이었지요. 그런데 아무리 살펴보아도 지도자의 자질이 보이지 않습니다. 얼굴이 영민하고 준수하여 골상학적으로 우수한가? 하였더니 그렇지 않았습니다. 인상은 이목구비가 흐리멍덩하고 눈에는 안광이 없습니다. 신체 건강하고 단정하여 정무를 집행할 체력적인 뒷받침이 있나를 살펴보니 그것도 기대 이하였습니다. 걸어가는 모습을 비밀리에 관찰하였더니 양손을 툭툭 가볍게 털어가며 아장아장 걷는 스타일이었습니다. 좌중을 압도하는 힘이 있는 목소리도 들을 수 없었습니다. 힘은커녕 말끝이 흐리고 웅얼거립니다. 혹시나 해서 필체를 살펴보아도 한 국가를 지도할 웅휘한 기개를 담은 강건한 서체가 아닙니다.

그렇습니다. 아무리 찾아보고 살펴보아도 한 국가를 잘 이끌어갈 지도자로서의 특별한 능력과 장점은 보이지 않았습니다. 그래서 많은 고민이 오갔습니다. 구한말이라는 격동기를 살아가는 백성들의 입장에서는 좋은 지도자를 만나야 평화로운 삶이 보장되지 않겠습니까? 지금 조선은 절체절명의 위기에 있습니다. 미국과 러시아, 중국, 일본 기타 서구 열강들이 호시탐탐 조선을 차지하기 위해 온갖 수단을 총동원합니다. 국제사회에서 외교적으로 고립시킵니다. 군대를 해산시키고, 식량을 합법적으로 수탈하고 토지를 강제로 매입합니다. 철도 부설권과 광산 채굴권을 요구하며 국가 기간산업을 강도처럼 점유합니다.

조선 백성들은 평범하고 심약한 지도자 밑에서는 아무런 희망과 비전도 기대할 수 없습니다. 그래서 왕재 평가단은 절망적인 심경으로 마지막 단계로 어린 고종이 볼일을 보는 화장실까지 따라가 보았습니다. 그랬더니 아! 이게 웬일입니까? 어린 고종이 매화틀에 앉아서 볼일을 보는데 그 똥자루가 얼마나 굵고 단단한지 모릅니다. 그리고 그 떨어지는 기세가 엄청났습니다. 애기 팔뚝만 한 굵은 똥자루가 그냥 '툭, 툭' 소리 내며 힘차게 떨어지는 것이었습니다.

고종은 자기를 주시하는 백성들에게 '나도 왕이 될 자격이 있다'라고 굵은 똥자루의 기세로 힘차게 외치는 것 같았습니다. 이 일 이후 비밀 평가단을 위시한 조선의 백성들은 두말없이 고종을 그들의 지도자로 인정하고 따랐다는 이야기입니다.

저는 어른이 되어서야 아버지가 들려준 이 우화적인 이야기의 의미를 약간은 알 것 같습니다. 아마 그 뜻은 이렇다고 봅니다. 우리 모두에게는 한 가지 이상의 고유한 장점과 특성이 있는데 그것을 잘 살리면 한 인간으로 개성적인 삶을 살아가면서 자아실현이라는 삶의 목표를 영위할 수 있다는 것입니다. 우리에게는 누구에게도 뒤지지 않는 특·장점을 가지고 있습니다. 우리 스스로도 미처 모르고 있거나 간과하고 있는 무한한 가능성과 잠재력을 발견하고 이를 바탕으로 내가 하고 싶은 일들을 시원시원하게 해나가야겠습니다.

세상은 나의 것입니다. 나의 똥자루는 과연 굵고 힘찬가? 아니면 시원찮게 삐질삐질 눈치 보며 나오는 가늘고 약한 똥자루인가? 오늘 이후 조금 냄새가 나더라도 자신의 똥자루를 한 번쯤은 자세히 살펴보시길 바랍니다.

사라져가는 투계

나의 취미는 조금 엉뚱한 것이 많다. 엉뚱하기 보다는 다양하다고 보는 편이 좋을 것이다. 그러나 관심은 많으나 깊게는 천착하지 못한다. 쉽게 싫증내고 또 다른 새로운 것을 찾아 나선다. 그러나 변함없이 나의 생활을 지배하고 있는 취미는 아마도 여러 가지 운동을 하는 것이나 운동 관람일 것이다. 특별히 프로야구 '현대유니콘스' 팀에 대한 애정은 남다르다. 폐인 정도는 안 되어도 각 지방으로 도시락 싸가지고 응원 다니는 정도는 된다.

지금 이야기하고자 하는 것은 어릴 적의 취미이자 한동안 깊게 빠졌던 한 추억에 관한 것이다. 중고등학교 시절은 경북 예천에 있는 외갓집에서 6년을 다녔다. 조그만 시계점을 하는 삼촌의 가게에서 점원들과 숙식하며 함께 생활하였다. 아침 일찍 일어나 점원보다 먼저 반지(?)라고 그 당시 우리가 부른, 아마 일본식 말로 양철로 된 칸막이용 셔터인데 그것을 일일이 걷어낸 다음 한 200여개 되는 시계를 일일이 정성스럽게 잘 닦아서 진열장에 내놓는다. 그런 다음 그 당시로는 최신의 LP판을 꺼내어 바깥으로 소리가 나가게 해놓은 홍보용 대형스피커를 통해 음악을 듣는다. 주로 영화 '콰이강의 다리'나 '의사 지바고'의 주제곡을 들은 것으로 생각난다.

그 다음이 문제이다. 큰 외삼촌은 조금 별나고 성격이 못된 사람이다. 어릴 적에 시골 사람으로 돈을 번다고 청량리에 무조건 상경하였을 때 골목의 건달들과 구두닦이들에게 많이 맞았다고 한다. 하도 맞아서 그 복수로 복싱을 배워 곧 그 구역을 평정한 중간주먹쯤 된다. 강팍한 편이어서 닭을 잡을 때도 그냥 잡지 않고 맨손으로 모가지를 '쑥' 뽑아 죽이는 사람이다. 그런 삼촌이 보기에 나는 열심은 있으나 순종적이고 유약하였나 보다. 남자는 적어도 맞지는 말아야 한다는 삼촌의 지론에 따라 좁은 외가의 마당을 시계방향으로 돌며 왼손 스트레이트를 쭉쭉 뻗는 복싱 연습을 한 힘든 기억이 난다. 무서운 삼촌의 입회하에 팔이 얼얼할 정도가 되면 곧 이어 호출령이 따른다. 즉 삼촌을 따라 개구리를 잡으러 간다. 갑자기 왠 개구리인가? 잠시만 기다려주기를 바란다. 일단 개구리를 잡기 위한 장비를 갖춘다. 장비는 의외로 간단하다. 먼저 개구리 채를 만들어야 한다. 개구리 채는 말이 채이지 실은 살인(?)적인 무기이다. 긴 막대 끝에 손바닥크기의 판때기를 붙인다. 문제는 그 판때기이다. 판때기에는 날카로운 못을 완전히 반대편으로 나오게끔 숑숑숑 박는다. 완성된 모양은 마치 수행하는 요기들의 바늘판 같다. 그것으로 개구리를 '탁' 하고 찍어 잡는 것이다. 그 효용이 아주 뛰어나다. 다음으로 준비해야 하는 것은 이른 아침이니까 흥건히 젖어오는 이슬을 막기 위한 장화와 장갑 등이다. 이렇게 완전무장을 한 다음 개구리들이 많이 모여 사는 강둑을 오른다. 이리 저리 막대로 풀 섶을 헤치면 이른 아침의 급습자에 놀라 황급히 사방으로 흩어져 도망치는 개구리들이 보인다. 보이는 족족 긴 막대는 사정없이 개구리들을 덮치고 순식간에 수많은 개구리들은 날카로운 쇠 꼬챙이에 찔려 처참한 모습으로 비닐주머니 속으로 들어온다. 이렇게 잡은 개구리들은 어떻게 될까? 여러분들은 바로 이 대목에서 개구리를 잡은 목적을 생각하여야 한다.

혹시 '투계'에 대하여 아시는지 궁금하다. 투계는 글자 그대로 싸움닭을 말한다. 지금은 거의 사라졌지만 내가 중고등학교를 다닐 때에 예천을 중심으로 한 경북 북부지방에는 싸움닭 내기가 유행이었다. 그래서 삼촌처럼 투계를 좋아한 사람은 애지중지 훈련시킨 싸움닭을 데리고 오토바이를 타고 이

지방, 저 지방을 다니면서 내기를 한다. 이러한 내기가 금액이 커지면 도박의 성격을 띠게 된다. 싸움에 이기기 위해서는 전문 싸움닭을 길러야 한다. 일반적으로 투계에 나서는 닭은 샤, 또는 샤무라고 불리는 닭이거나 '한두'라고 불리는 외국산 닭이다. 주로 태국산 닭이라고 기억된다. 샤이나 한두는 표준어가 아닌 것으로 안다. 하여튼 아무리 덩치가 크고 화려해도 우리 전통의 수탉은 안 된다. 필자의 경험으로는 처음 초반은 우리의 조선 닭은 기세 흉흉하고 힘차다. 한 5분 가량은 전문 투계를 향해 힘차게 공격한다. 그러나 초반 반짝인가? 아니면 촌놈이 마라톤하는 건가? 한 5분후에는 힘이 빠져 그대로 나가떨어진다. 화려한 깃털은 사정없이 빠지고 다리는 후들거려 상대의 날카로운 발길질에 내동댕이쳐진다.

이처럼 닭들이 서로 싸울 때 승리할 수 있는 가장 큰 요인은 일단 상대방 보다 목이 길어야 한다. 왜냐 하면 처음에는 서로 푸드득 푸드득 날면서 양발로 상대를 걷어차며 싸움을 하나 잠시 후에는 서로가 지쳐서 목을 서로 기댄 채 상대방의 머리를 쪼기 시작하는 싸움 형태로 변하기 때문이다. 이럴 때 목이 길면, 아니 상대방보다 키가 크면 절대적으로 유리하다. 그래서 전문 투계꾼들은 닭의 모가지를 길게 늘이는 훈련을 한다. 훈련은 다름 아니라 아까 잡은 개구리를 먹이로 줄 때 겨우 먹을 정도로 높게 주는 것이다. 부리에 닿을락말락할 정도로 손바닥에 개구리를 올려 놓으면 싸움닭들은 그것을 먹고자 힘껏 목을 늘이거나 발돋움한다. 이렇게 매일매일 개구리를 먹거리로 주면 닭의 모가지는 조금씩 길어져서 싸움을 할 때 유리한 입장에 서게 된다.

드디어 결전의 날은 왔다. 싸우기 바로 직전에는 절대로 먹이를 주어서는 안 된다. 과식을 하면 몸이 무거울뿐 아니라 잘못해서 상대방 닭의 발에 채일 경우 모이주머니가 찢어지기 때문이다. 언젠가 본 광경에는 주인이 잘 싸우라고 준 쌀을 가득 먹은 닭이 한 참 싸우다보니 자기의 찢어진 위로 쌀이 솔솔 새어 나오는 데도 죽으라고 싸우는 것이다. 아마 주인이 아마추어 투계인이었나 보다. 이러한 아마추어에 비해 전문가가 먹이는 것이 따로 있다. 조금 무식하게 생각될지 모르지만 바로 고추장이다. 시뻘건 매운 고추장을 억지로 한두 숟가락 퍼 먹이면 싸움닭은 맵고 뜨거워서 더욱더 호전적으로 되기 때문이다. 믿거나 말거나이니 과학적 근거는 없다.

하여튼 전투는 시작된다. 처음 몇 초 동안은 서로 탐색전을 벌이다 다음부터는 사정없이 격렬하게 맞붙는다. 보통 실력이 비슷하면 서로 기진맥진할 때 까지 싸우나 실력 차이가 있으면 3-4분 안에 승부는 결정 난다. 사람과 달리 승자는 도망가는 패자에게 관대하다. 몇 번 쫓는 시늉을 하다가 승리의 날개 짓과 환호의 목청으로 자신의 승리를 사방에 알린다.

승부에 따라 주인들의 애환도 교차된다. 승자는 자기 닭을 얼싸안고 기뻐 어쩔 줄 모른다. 주위에 쌓이는 돈은 어떻게 보면 별개의 문제이다. 특히 새로운 닭을 훈련시켜, 혹은 사와서 오랜 라이벌의 닭을 이겼을 때는 엄청나게 기분이 좋다. 그 당시 사람도 먹기 힘든 귀한 소고기를 사서는 먹기 좋으라고 얇게 다져서 참기름을 발라 먹인다. 그러나 진 경우는 어떠한가? 대개는 상처투성이의 닭을 사정없이 두들겨 패거나 없애버린다. 혹 재기의 가능성이 있으면 그 나마 다행이다. 언젠가 오래된 싸움닭을 잡아먹은 적이 있었다. 그런데 평생을 전투로 단련한 몸인가? 얼마나 질긴지 결국 못 먹고 버렸다. 조금 과장되게 말하면 거의 가죽을 씹는 기분이었다. 아마 요즈음 나오는 압력솥도 감당하지 못할 것이다.

삼촌은 열심히 따라 다니며 궂은일을 마다 않은 내가 기특했나 보다. 어느 날 눈여겨 본 '한두'중에 좋은 중간크기의 닭을 한 마리 나에게 주었다. 그날

나는 얼마나 기뻤는지 모른다. 그날 이후 나는 너무 좋아서 매일 맛있는 것, 주로 쌀을 주고 쓰다듬고 하며 애지중지하였다. 싸움을 잘하라고 '엄발'이라고 부르는 새끼 발톱도 날카롭게 줄로 밀어서 깎아주곤 하였다. 그러던 어느 날 본격적으로 투계세계로 나가기 전에 그 전초전으로 우리가 흔히 장닭이라고 부르는 조선 닭과 한번 겨루게 되었다. 아! 그런데 이게 웬일인가? 한번 붙자마자 채 3합도 안되어 나의 닭이 길게 비명을 지르며 도망가는 것이 아닌가? 그것도 싸움닭으로는 가장 치욕으로 생각하는 조선 닭에 패해서 말이다. 집에 돌아온 나는 너무나 화가 나서 그 자리에서 닭을 패대기쳐서 멀리 보내버렸다. 나중에 삼촌말로는 패배의 원인은 바로 나에게 있다고 하였다. 즉 닭을 너무 귀하게 키워서 끊임없이 쓰다듬고 챙겨주면 닭이 가져야 할 호전성과 야성이 없어진다는 것이다. 즉 '사람 손을 너무 많이 타면' 절대로 싸움닭으로는 성공하지 못한다는 것이다.

그날의 교훈은 나에게 두고두고 명심이 되었다. 나의 본성에 내재되어 있는 잔인함과 호승심에 스스로 경각심을 갖게 되었고 사랑하는 것과 강하게 단련하고 훈련하는 것은 별개라는 생각을 많이 하게 되었다. 하여튼 나의 투계에 대한 열정과 몰입은 대학 진학과 더불어 자연히 사라져갔다.

몇 년 전 이었다. 어느 날 양재 지하철역 지하도를 나와 얼마 안 되었는데 웬 시골 할아버지가 조그만 새장에 닭을 팔고 있는 것을 보았다. 아마 서울 근교의 시골에서 용돈이나 벌자고 팔러 나왔나 보다. 그런데 그 닭이 눈에 많이 익숙하였다. 바로 긴 목과 호전적인 눈매를 자랑하는 싸움닭 '한두'였다. 너무나 반가운 나머지 그 자리에 쭈그리고 앉아 투계에 대해 서로 이야기를 나누었다. 짐작대로 할아버지는 그냥 우연히 키운 투계를 팔러온 촌노였다. 함께 이야기하면서 나는 사라져가는 전통을 상징하는 할아버지에게 내가 무슨 이야기를 하는가 싶었다. 그렇다. 앞으로 우리 주위의 모든 것들은 하나둘씩 추억으로 혹은 전통이라는 이름으로 소리 없이 사라져갈 것이다. 어릴 적에 키운, 그리고 죽여 버린 투계에 대한 기억은 나의 생에 한 토양을 이룬 투박하고 여진 있는, 그러나 거칠고 사나운 추억으로 길게 남을 것이다.

그냥 태극기가 아니다 외 1편

베를린에 여동생이 살고 있어 가끔씩 다녔다.

어른이지만 멀리서 외롭게 살고 있는 막내 동생이 어떻게 살아가나 안쓰러워 보고 싶어지면 찾아가서 기쁜 일, 힘든 일 오가며 같이 나누었다.

어느 해 여름 베를린에 갔었는데 "언니 오늘 8월 15일 광복절인데 행사에 참석하지 않겠어?" 동생이 가볍게 묻는다.

생각할 겨를도 없이 '그래 갈게.' 했더니 내 심사를 건드린다. "언니가 요즘 따분한 모양이네, 구경거리 없다며 나들이는 안하고 돈이야 있든 없든 쇼핑이나 만물상 슈퍼나 가자고 흥얼거리더니 애국자는……."

흘낏 쳐다보니 정장을 하길래 나도 말쑥한 정장 차림으로 따라 나섰다. '내가 무슨 애국? 완전히 호기심이다' 했더니 경축 행사를 매년 치르는데 규모가 행사답고 어느 땐 아주 간소하게나마 해마다 잊지는 않는단다. 이번 행사는 한인회장이 신경을 많이 써서 재독 교민들을 초대해 아주 흥미로우리라 모두 기대하고 있단다. 행사 장소는 축구 경기장을 빌렸고 음식 제공도 그 장소에서 해결할 것이라며 뮌헨에서, 뒤셀도르프에서 다들 꼭 오기로 했다며 옛 친구들 보고픔이 간절한 속내를 감추지 않는다.

'언니 다 왔어' 말이 채 끝나지도 않았는데 손을 흔들며 난리 법석이다.

친구 하나가 알아차리고는 반가워하는 모습에 생면부지 전혀 모르는데 동생의 소개에 '언니 반가워요' 하면서 얼굴을 내 어깨에 묻는다. 집에서 멀지 않은 곳이라 정한 시간보다 여유있게 입장했다.

두리번거리며 베를린 피켓을 들고 있는 쪽을 찾아가 자유롭게 도착하는 순서대로 무리 속으로 향하는데 벌써부터 뒤쪽 부분은 모두들 엉켜 울고 웃고 누구누구를 부르며 북새통이다.

하노버, 아헨, 함부르크, 뉘른베르크, 낯익은 지역들의 피켓을 들고 있는 사람조차 좌우를 누비며 친구 친지를 찾아다니니 언제쯤이나 어떻게 경축 행사가 시작 되려나 싶었지만 한 켠에 서서 반갑고 기뻐하는 모습들에 취해 시간 가는 줄 몰랐다.

앞 단상 쪽에서는 '가고파'를 계속 틀어 대는데 "어디서 왔소? 독일에서 얼마나 살았소? 한국은 언제 다녀왔소?" 투박한 남자들도 악수한 채로 흔들어 대는 모습 또한 뭉클거려진다.

듬성듬성 국제결혼한 사람들도 태극기를 들고 있다. 모두의 시선들이 태극기 펄럭이는 앞쪽이 아니고 앞뒤 좌우 누구라도 끌어안고 싶은 눈빛들이다.

마이크의 지시대로 맨 앞줄에 도시별로 정리를 하면서 인원 파악을 하는데 큰 도시는 백 명 이백 명 이상 되는 곳도, 몇 십 명, 열 명도 안 되는 프랑스 체코의 접경지역에서 등 많은 분들이 참석 했다며 엄숙한 분위기로 애국가 선창을 하려는 순간, 앞줄 근처 모두가 발을 동동 구르며 괴성을 질러 입장했던 문 쪽을 보니 키가 작은 흰머리 아주머니가 자기보다 훨씬 큰 피켓을 들고 들어오는 모양이 사람인지 피켓만 움직이는지에 잠시 아수라장.

식순에 따라 우렁찬 애국가 소리, 베를린 하늘아래서 들으며 함께하는 느낌은 너무 다르다. 온몸에 전율이 흘렀다.

경축사, 고국에서 보내온 화환도 독일 전지역 교민들과 유학생 보고도 있었다.

운동장은 넓었다. 행사 자체는 기대만큼은 아니지만 서로의 눈빛은 잔잔한 미소가 가득하다. 행사가 끝나고 이제는 아리랑이 흘러나오는데 모두가 팔들을 들고 왈츠를 추면서 만나는 모습도 감격이다. 주최 측에서 마련한 햄버거에 음료수도 흡족해 태극기를 흔들면서 먹는 모습들도 가슴이 따뜻해진다.

동생의 발길은 나를 의식하고는 친구들 무리를 헤집고 일찍 나왔다. 행사장 초입에 달랑무를 가득 실은 두 대의 트럭이 있었다. 조용히 마이크로 프라이부르크에서 손수 가꾼 한국산 토종이라며 집에 가실 때 한 단씩 부탁하는 소리에 한 움큼씩 들고는 너스레를 떠는데 귀엽고 대견했다.

우리나라와 토질이 맞지 않아 많은 시행착오를 하며 키웠단다. 싱싱해서 금방 팔려버린다. 두 단을 샀다. 갑자기 김치가 먹고 싶다는 생각에 침샘이 뿜어낸다.

한국 식품점에 들려 양념거리를 사서 집에 도착한 즉시 시작해 서둘다 보니 김치 담을 그릇이 없다. 두리번 찾다가 빈 화분을 생각하고 비닐에 넣어 화분에 저장할 것을 생각하니 김장 끝난 기분이다.

홀가분한 기분으로 동생을 찾으니 거실 정리를 하고 있다.

피아노가 있는 바로 위 벽에 조그만 태극기 액자 그리고 그 아래쪽으로 옛날 시골마을 빨래터 액자가 아주 정리된 멋을 부린다. 빨래터 그림은 달력의 동양화 12장을 보냈더니 마음에 든 몇 가지를 액자로 만들어 가끔 바꿔 기분전환을 한단다.

태극기는 처음 독일로 갈 때 십자고상과 함께 옷들 틈새에 넣어 줬더니 태두리 없이 깔끔이 만들어 벽에 걸려 있는데 색다른 미술품 같다.

태극기를 옷 틈새에 넣을 때 우리 엄니의 한 말씀이 잊혀지지 않는다며 눈물을 흘린다. “못난이 막내딸이라고 천덕꾸러기처럼 키웠다만 내 맘은 니가 제일 귀엽고 이쁘다 알았제?” 거듭거듭 하시며 엄니의 우는소리에 마음이 아퍼, 아이구 맛탱이 없어라하고 방문을 열고 그 자리를 피해버린 죄스러움을 생각하며 엄니를 많이 생각했단다.

한번쯤 모셔와서 독일에서 잘 살고 있는 내 모습을 보여드리지 못했던 게 더 슬프다며 괴로워한다.

달래줄 말이 없어 달랑무 김치로 화제를 바꾸고는 화분 두 개를 채우고 나니 ‘고마워 언니 이젠 반찬 걱정 끝!’ 하며 만세를 부른다.

얼마나 먹고 싶던 멸치젓갈로 담근 김치! 금치! 하면서 늦은 시간에 밥을 지어 땀을 뻘뻘 흘리며 먹었던 일이 어제 같다.

어느 날엔 동생이 주변 친구들, 옛날 친구들 이야기를 심심찮게 들려주며 웃다가 울다가 시간을 보내기도 했다. 그 중에 하나도 부러운 친구가 없다면서 살면서 많은 노력을 했는데 가장 소중한 ‘나‘ 하나를 가눌 수 없다는 것이 부끄럽단다.

“인생이 너무 짧은 것 같애, 조금은 아쉬워 언니!” 하더니만 얼마 전 하늘로…….

태극기 배경에 하나 더, 보고 싶은 동생 얼굴까지 파노라마로 스친다.

이국에서 만난 광복절 행사장 감동의 태극기와 엄니에 대한 그리움이 스멀거리는 작품으로 자리한 피아노 위의 액자 태극기는 분명 그냥 태극기가 아니다.

세상의 소곤거림에도 내 안에 쌓여 있는 토막 이야기들 하나 둘 드러내고 싶다.

목까지 차오르는 그리움이다.

앞길이랑 뒷길이랑

벌써 잊었어야 할 일이다.

그래도 부끄러웠고 속상했던 그 순간들이 잊혀지지 않고 있다.

미닫이 문 안 부엌에서 무얼 먼저 할까 두 손을 만지작거리며 서성거리고 있었다.

갑자기 '일 일 구---' 라는 신음소리가 들리는데, 어디서? 누가? 하는 놀램에 거실로 나왔다. 조금 전 거실 의자에서 신문을 뒤적이던 남편이었는데 마룻바닥에 무릎을 꿇고 입술을 물고는 119, 119를 부르라는 것이다. 어디가 어째서냐고 물으니 고통스런 인상으로 대답이다.

119를 어떻게 부르나? 02 119, 그냥 119 망설이다 뭐하냐 하는 소리에 그냥 119를 눌렀다. 친절한 응답 후 병원 갈 채비도 못하고 환자를 일으켜 세우려니 으스러지는 비명에 머리는 먹통이 된다. 휴대폰과 지갑만 들고 동동거리고 있는데 세 명의 씩씩한 구조대원이 마치 옆집에서 대기하고 있었다는 듯 이내 나타났다.

환자를 들것에 싣고 구급차에 오르고 보니 나는 맨발에 실내 슬리퍼, 남편도 맨발 그대로인 모양새다.

우리를 살피던 어느 한 대원이 자기 양말을 벗어 환자에게 신겨주는데 그 고마움에 속눈물이다. '당신들이 있기에 늙어가는 우리가 든든하오.'

119 안내로 응급실 입구에서 신속하게 입실하여 담당의사의 진료를 받았다. 척추 디스크 통증이라며 일단 진통소염 수액주사를 꽂는다.

외래접수는 신청했으니 진통이 멎으면 움직이라고 한다. 시간이 조금 지나자 서서히 진통이 멎는 듯 환자가 물을 찾았다. 응급실에서 환자 침대까지 들어올 때는 모든 문이 자동이라서 쓰윽 들어왔는데, 물은 어떻게 구하나 어리둥절했다.

목에 걸어준 보호자 카드를 문에 대면 자동으로 열어지는 문이 고마웠다. 몇 단계의 문들이 꽤 많았으나 앞에 서기만 하면 자동으로 열리는 문을 지나며 편리해진 생활에 감사했다. 그 기분은 잠시, 워낙 물을 많이 마시는 편이라 양손에 따뜻한 물 두 컵을 들고 돌아서서 문 앞에 섰는데도 문이 열리지 않는다.

이 방 저 방에서 들리는 환자들의 가느다란 신음소리가 나를 조급하게 한다.

물 컵을 내려놓고 문 앞에서 이리저리 움직여 봐도 문이 열리지 않던 찰라 '뭐하세요?' 볼멘소리에 놀랐다.

'아니, 문이…' 하려는데 거친 손길로 '보호자증을 대십시오.' 내가 그것을 못 본 것이 문제였다. '아이고 죄송해라 글씨가 안보여서…' 우물대다, 안내하는 사람하나 없다 이제 나타났기에 참을 것을 한소리 했다. '안내석은 어디에 쓰는 물건이냐'며 화를 냈더니 잠깐 급히 볼일이 있었다며 사과를 한다.

나도 '여유가 없어서 였다' 한마디 하고보니 손에 든 컵의 물은 절반뿐이다. 속 모르는 환자는 물을 조금 가져왔다며 입이 마르다고 또 한잔을 더 찾는다.

응급실은 일반인들에게는 생소하고 불안한 마음이 먼저다.

나날이 진보하는 기술의 발전으로 편리해진 삶의 고마움도 수없이 많지만, 사회생활이 줄어든 우리 세대들은 쫓아가기 바쁘고 한바탕씩 홍역을 치르고서야 얻어지는 편리함이 더 많다. 그 틈새에 어느 날 갑작스레 찾아오는 병마는 당당했던 어제의 우리를 주춤거리게 만들며 당당함과는 멀어져가고 있다.

어느 때는 놀래고, 두렵기도 하고, 부끄럽고, 또 슬퍼지기까지 한다.

이날 이후 어디를 가든 내 시야에 '문(門)'들이 눈에 띈다.

어디든 가서 문을 여닫으며 들고 나고 싶은데 요즘의 처지에 그나마 잘 지내고 있다는 안부전화로 겨우 소통한다.

병원순례자처럼 가끔씩 하는 외출이 주로 병원이지만 마주치는 얼굴들의 '좀 어떠시냐'는 평범한 인사에서 묻어나는 관심과 사랑에서 훈기를 얻으며 어려운 시기를 잘 지낸다.

요즈음 지하철은 출퇴근 시간 외에는 조금 한산함을 느낀다.

또 병원 가는 길이다.

7호선 고속터미널 역에서 문이 열리는 순간 내리는 사람들 틈새로 짐보따리 하나가 던져져 들어온다.

내리고 오르고 하는 순간 사람들이 엉키는데 어느 할머니의 한숨소리와 함께 경로석 빈자리를 찾는 듯하다. 나이 지긋한 남자분의 자리 양보에 짐보따리를 끌어당기며 옛날에는 지하철에 문이 하나였는데 지금은 두 개라며 머리카락을 정리한다.

그러고는 옆자리 아저씨에게 이 차가 '차돌백이역' 가는 거 맞느냐고 묻는다.

아저씨는 난감한 표정으로 '차돌백이, 차돌백이' 하더니 '혹시 장승백이역 아닙니까?'

그 소리에 씨익 웃으며 '아 장승백이역이 맞네요.' 그 둘레의 모든 사람들이 웃는데 그녀는 민망해 하는 기색도 없이 씩 미소만 짓는다. 한 아저씨가 요즘 세상에 웬 짐보따리냐고 묻자, "아들들이 서울에 사는데 얼굴 본지가 일 년이 다 됐는데 이번 명절에도 연락하면 못오게 할까봐 아무 연락없이 들이닥칠 거라요."하신다.

주소는 어떻냐고 물으니 아파트 이름이 영어라 난 잊어먹는다며 영감이 적어줬다는 쪽지를 내보인다. 나를 비롯해 주변에 있는 사람들은 걱정스런 마음은 하나같으나 각자 갈 길이 정해져있으니 서로 더 이상 묻지 않는다.

주머니에서 꺼낸 주소를 보더니 옆에 서 있던 어느 대학생인 듯한 청년이 제가 모셔다 드린다며 장승백이에서 내려서 자기랑 같이 학교 쪽으로 가는 버스를 타면 된단다. 주위사람들의 소리없는 미소와 박수에 계면쩍게 웃는 그 학생! 도중에 내리시는 어른들이 그 학생 등을 토닥이며 내린다.

「이고 진 저 늙은이 짐 벗어 나를 주오.

나는 젊었거니 돌인들 무거울까.

늙기도 서러워라커늘 짐을 조차 지실까.」

오늘 이 젊은이에게, 또 얼마 전 양말을 벗어주던 119 구급대원에게 정철의 이 시조가 가슴에 품어져 있는 것 같아 마음이 훈훈해진다.

이런 젊은이들이 있어 이 세상의 앞길은 더욱 새롭고 편리해지겠지 싶다.

이 시대 우리네들의 현실은 앞길이 뒷길 보다는 짧다는 중요한 사실이다.

요즘 '정리'가 대세란다. 살림정리, 인맥 정리, 과거사 정리…

앞서가는 시대를 쫓아 뒷길 정리를 미루고 또 한 발작 앞으로 발을 뗀다.

주렁주렁 뒤에 매달린 여러 가닥의 꼬리들을 여전히 자르지 못해 질질 끌리니 앞길 가기가 버겁기만 하다.

일상은 많이 편리해졌고 화려해졌지만 우리네 삶의 봄날은 가고 있다.

내 앞에 들이닥친 이 편리함과 화려함이 때로는 부담스럽고 조심스럽다.

힘주어 두 손으로 밀어 열어도 시원찮던 삐걱대던 문소리가 그립다.

쉽게 입에 오르내리던 정겨운 상호와 아파트 이름이 그립다.

이런 그리움도 뒷길이라 버려야 한다면 더디더라도 그냥 메달고 천천히 앞길을 가리라.

지리산 둘레 길에서 만난 가을풍경 외 1편

어디에서 가을을 느끼어 볼까? 가볼 만한 곳이 많겠지만 지리산 둘레 길은 어떨지 싶다. 둘레 길은 지리산 주변에 120여 개 마을을 이어주는 고갯길, 숲길, 강변길이며 논둑길이고 마을 길이면서도 지리산 국립공원 안으로는 한 발짝도 들어가지 않는 옛길로 남원, 구례, 하동, 산청, 함양 등 전남·북과 경남 3개도 5개 시·군에 걸쳐 있으며 시작점은 남원 주천이다.

길은 지리산 자락에 네 남자, 도법·수경 스님과 백남준·이원규 시인이 한 달 보름간 지리산 둘레를 한 바퀴 돈 '생명평화발탁순례'가 발단이 되어 지리산 옛길을 복원하면서 만들어졌다고 한다.

밤 기온이 이슬점 이하로 내려가 풀잎에 이슬이 맺히기 시작한다는 백로가 한참을 지나서 그런지 새벽바람이 차갑게 느껴진다. 그래도 아직은 매미 울음소리를 들을 수 있으니 가을 문턱을 막 지나지 않았나 싶다. 가을 색깔과 가을 소리 그리고 가을 냄새가 둘레 길에 가득하다.

가을을 만나러 남원 인근에서 하룻밤을 보내고 다음 날 아침 일찍 둘레 길에 나섰다. 남원 인월에서 시작하여 산내 매동까지 강줄기를 따라 산자락을 넘어 숲길과 마을 길을 걸었으며 더러는 논둑길을 돌고 돌았다.

"밝은 달빛을 끌어들인다."는 인월引月에도 가을이 와 있다. 아침 햇살을 등에 업고 인월 천을 따라 잔잔한 윤슬과 들녘을 바라보며 걷자니 어릴 적 소풍 길에 나선 것처럼 가슴이 두근거리고 흥분이 되어온다. 얼마쯤 걸었을까 잔잔하던 물줄기가 좁혀진 강폭에서 커다란 바위를 만나 부딪치며 부서지는 물살이 조금은 요란스럽기도 하지만, 그것도 잠시 물줄기는 다시 잠잠해지고 누런 들판에는 크고 작은 허수아비가 두 팔을 흔들어 대며 참새 떼를 멀리 날려 보내고 있다.

길가에 나팔꽃, 코스모스꽃, 둥근잎유홍초, 낭아초 그리고 처음 만나 통성명도 나누지 못한 이름 모를 꽃들과 벌레 소리, 들판에 가득한 만삭의 색깔은 길을 찾는 누구에게나 편안함과 넉넉함을 골고루 나누어 준다.

구월이 오는 소리 다시 들으면
꽃잎이 피는 소리 꽃잎이 지는 소리
가로수의 나뭇잎은 무성해도
우리들의 마음엔 낙엽은 지고,

‘구월의 노래’를 흥얼거리며 지리산 둘레 길에서 황홀한 방황을 한다.

임진왜란 때 군대가 주둔했다는 중군 마을을 막 지나자, 산자락 아래에 잘 익은 붉은 오미자가 제 몸의 무게가 버거운 듯 쭉 늘어져 있고, 큼직한 지주대를 동여매고 올라간 더덕 줄기에 자갈색 꽃은 넉넉하게 흐드러져 있다. 산허리를 감고 돌아서는 길가에는 며칠 전 이곳을 후비고 지나간 비바람의 흔적인 듯 도토리와 상수리가 나뒹굴고, 산 주인인 다람쥐는 영양가 만점의 식자재를 만나 겨울 채비에 겨를이 없어 보인다. 저만치 숲길 언저리에 비스듬히 누워있는 억새꽃도 회색 너울로 일렁이고 있다. 얼마쯤 지났을까 「세 번째 쉼터인 수성대」가 나온다. 이곳에는 점포만 열어놓고 주인장이 없는 무인 쉼터인 듯 반의반쯤 되어 보이는 막걸리 통개와 낡고 찌그러진 양은 사발 서너 개가 가지런히 놓여 있다.

종이상자를 찢어서 만든 널빤지에“한잔에 2천 원! 돈은 여기에 넣어 주세요!"라고 삐뚤빼뚤하게 쓰인 글귀와 자물쇠가 채워진 허름한 나무상자 금고가 묵은 친구처럼 다정하다. 산행길에서 맛보는 막걸리 한 사발, 그 꿀맛을 무슨 맛과 비교하리오? 내 친구는 산행길에 걸치는 깔깔한 막걸리 맛이 그리워 모악산을 오른다고 한다.

막걸리 한 사발에 안주로는 풋고추면 그만이다. 혹여, 손수 만든 순두부에 묵은김치가 곁들여진다면 수라상도 부럽지 않을 것이다.

『檢以不陋(검이불루) 華而傳致(화이불치)』라고 하던가,

검소하지만 누추하지 않고 화려하지만 사치스럽지 않은 쉼터임이 분명하다

막걸리 한 사발로 목을 젖히고 걷자니 이번에는 자주색 칡꽃이 마중 나와 있다. 한여름에 피웠을 꽃이 가을을 만나러 온 산행객에게 달콤하면서도 그윽한 향기를 내어줌은 둘레 길에서 만난 추억을 잊지 말고 다시 오라는 손짓이 아닐지 싶다.

자연이 들려주는 잔잔한 화음과 가을풍경이 보여주는 오색수채화를 가슴에 담고 매동마을에 도착한다. 길에서 만났던 생명의 숨소리와 꽃들이 풍겨준 잔잔한 향기, 숲이 내어준 깔끔한 바람 그리고 청명한 하늘에 백련꽃으로 겹겹이 수놓은 구름도 감사할 뿐이다. 그뿐인가, 돌담 너머로 시원한 물 한 바가지를 건네주면서 활짝 웃으시던 할머니와 첫 만남인데도 연신 꼬리를 흔들어 대며 응석을 부리던 누렁이도 잊지 못할 것이다.

모악산 정상 위에 뭉게구름이 손 내밀면 닿을 듯하다. 둘레 길에도 모악산에도 가을이 와 있다. 넉넉하고 편안하게 즐기다 소중하게 돌려보내야 한다.

지리산 둘레 길에서 만났던 한 장면 한 장면이 아른거리며 스쳐 간다. 가을에 만난 둘레길 풍경, 긴 시간 그리울 것이다.

가을 홍수

장대비가 아침부터 반나절 동안 내렸다. 동네 앞 개울은 누르스름한 황토물로 가득 채워졌고 어디에서 떠밀려 오는지 어른 키보다 곱절은 커 보이는 통나무 수십 개와 누구 집 세간까지 잡다한 물건들로 넘쳐난다.

억떼골 할아버지 산소 아래에 있는 고추밭이 붉게 물들고 있었고, 들판에는 삐딱하게 밀짚모자를 쓴 허수아비가 칠부바지에 낡은 당목 저고리를 걸쳐 입고 양팔을 휘저으며 참새 무리를 쫓고 있을 때였다.

동네 어귀 책여산 너머에서 시커먼 먹구름이 몰려오더니 낮잠 자는 하늘을 흔들어 깨우고, 부스스 잠에서 눈을 뜬 하늘은 짜증이라도 난 듯 요란스럽게 꽝꽝거리며 수차례에 걸쳐 번갯불을 일으켜 허공을 자르고, 이무기처럼 꿈틀대는 구름 떼와 한바탕 전쟁놀이를 시작한다.

그러고 나서도 화가 덜 풀렸는지 이제는 깨진 양동이에서 물을 퍼붓듯 장대비를 사정없이 쏟아부었고, 가을걷이 준비로 분주하던 마을은 폭풍전야처럼 적막 속에 빠져든다. 얼마를 퍼부었을까? 마을 앞 냇가는 불어난 물로 둑길이 잠길 듯 말 듯 하고, 커다란 물살은 성난 고래 마냥 몸을 비틀다 꼬리를 흔들며 하늘로 솟구쳤다 주저앉기를 반복한다.

이렇듯 도도해진 물살은 몸을 낮추고 움츠린 채 강둑에 매달려 안간힘을 다해 버티고 있는 나무들과 나무뿌리와 뒤섞여 한 몸이 된 냇가 둑을 한꺼번에 맥없이 무너트리고, 누렇게 익어가는 벼가 한창인 뜰을 거침없이 쓸고 간다. 그것도 모자라 자식만큼 소중하게 여기는 논까지 파헤쳐 갈 기세다.

동네 어른들은 이런 광경을 비웃 하나 없이 고스란히 장대비에 몸을 맡긴

채 마을 앞 신작로에 쭉 늘어서서 한숨만 내쉬며 바라보고 있는데, 윗집 할매가 "오메 어쩐대 하늘도 무정해라"라며 울부짖는다. 그러자"아이고 일 년 농사 다 망쳤네, 이제 어떻게 살아야 한대"라고 누군가가 울먹거리자 여기저기서 웅성거리며 발을 동동 구른다. 마침내 내 또래 아이들과 어린 동생들마저 징징거리며 연신 코를 훌쩍댄다.

우리 동네는 스무 가구쯤 되는 작은 마을로 한두 집을 빼고는 무너진 둑 아래에 논이 있었으며, 다른 마을보다 논이 귀한 편으로 일꾼을 두고 농사를 짓는 집은 한 집뿐이었다. 그것도 스물댓 마지기 남짓으로 많지 않은 논농사였으며 어느 집은 대여섯 마지기가 전부였기에 논의 소중함은 평야 지대와는 사뭇 다르고 컸다.

비가 멈추고 이튿날 오후가 되자 냇가에 물은 줄어들었고, 논물마저 빠지기 시작하자 약속이나 한 듯 어른들은 쑥대밭이 된 논으로 들어가고 있었다. 황금빛 누런 벼가 꽉 차 있어야 할 자리에 수마의 흔적이 여기저기에 남겨진 논에서 한 번 더 넋이 나가지만, 그것도 잠시 반의반쯤 물속에 잠겨있거나 흙과 모래 자갈에 묻혀 있는 벼 포기를 일으켜 세우고 작은 희망을 건져 올린다.

봄 가뭄에 물이 부족하면 모내기가 늦어질까 걱정 되어 물이 새나가지 않도록 논으로 들어가는 고랑에 비닐을 깔아 다랑이마다 물을 댔고, 소 등에 푹신한 깔판을 깔고 그 위에 써레를 얹혀 코뚜레를 끌고 다니며 써레질을 했고, 소가 지쳐 힘들다 싶으면 막걸리 한 주전자를 반반씩 나눠 마시며 뉘엿뉘엿하게 해가 질 때까지 농사일을 했으며, 한여름 땡볕에도 농약 통을 등짝에 짊어지고 땀을 펄펄 흘려가며 병충해와 싸웠고, 군데군데 피가 섞여 있는 논에서는 일일이 손으로 피를 뽑아냈으며, 혹여 비가 많이 내린다 싶으면 밤낮 가리지 않고 논두렁과 물고랑을 살피며 지어낸 한해 농사를 이대로 포기할 수 없었기에, 수마가 할퀴고 간 자리에 나뒹굴고 있는 벼 포기 포기를 일으켜 세우고 서로가 지탱할 수 있도록 묶어 주었다.

가을걷이가 끝나갈 무렵에 어머니께 전해 들은 이야기지만 벼 포기를 일으켜 세우고 묶어준 다음, 사나흘이 지나서 벼 이삭에 묻어 있던 흙과 모레를 깨끗한 수건으로 다시 닦아냈다고 한다.

홍수는 동네 사람들에게 눈물 한 방울 남기지 않고 모조리 가져간 아픔이었지만, 추수가 끝나고 눈이 내렸을 때 우리들은 그 냇가에서 어떤 겨울처럼 썰매를 타고 팽이 놀이하며 아픔을 잊고 있었다.

중학교 2학년 때 일이니, 강산이 서너 번쯤은 변했는데도 그때 마을 사람들의 눈물비가 생생하게 머릿속에 남겨져 있으며, 장마가 시작되면 긴 한숨 소리와 울부짖던 모습이 되살아난다. 그 후에도 가을 홍수가 몇 번은 더 있었으나 냇가 둑이 무너진 적은 없었다.

지금은 대리석으로 곧고 듬직하게 둑이 쌓여 있으며, 다랑논들은 반듯반듯하게 정리되어 있어 마음이 흐뭇하다.

어떤 인연 외 1편

삶 속에서 수많은 사람과 만나고 헤어지는 가운데 인연이 이어진다. 아름답고 고마운 인연, 금방 잊고 싶은 인연, 무심코 스쳐 지나친 바람 같은 인연이 있다. 우연한 만남이 나를 웃게 해 주는 인연도 있다. 아픔과 슬픔을 치유해 준 인연이 있고 만날수록 보고 싶은 행복한 인연이 있다.

그 모든 인연은 소중하다. 나를 슬프게 했던 인연도 돌이켜 보면 진실하지 않고 서로 배려가 부족하고 의지한 만큼 실망이 커서 힘들었다.

어떤 만남이라도 아름다운 기억을 간직하고 있다. 언제 어느 때 마주쳐도 어색하지 않고 마음에 여유를 느낄 수 있는 그런 인연을 이어가면 얼마나 좋을까.

중학교 때 길을 가다가 어느 집에서 들려오는 기타 소리가 너무 아름다워 그 집 문을 두드려 무작정 기타를 가르쳐 달라고 떼를 썼다. 선생님은 어이가 없는 듯 나를 바라보다 나의 끈질김에 기타를 가르쳐 주었다. 선생님은 중학교 선생님이었는데 기타 동아리에서 특별활동 시간에 학생들에게 기타를 가르치고 있었다. 지금도 그때 배운 양희은의 '이루어질 수 없는 사랑'은 자신 있게 연주할 수 있다. 기타를 보면 그때의 인연이 생각난다. 요즘 나는 내가 쓴 노랫말에 곡을 입히는 작업을 한다. 이러한 일도 그때 기타를 배우면서 음악 공부를 한 것이 도움이 된다.

또 성당에서 봉사하면서 수필가 선생님을 만난 인연은 내 인생의 전환점이다. 선생님을 만나서 수필가로 등단하고 활동하고 있으니 인연이 새로운 가능성으로 성장한 운명과도 같은 일이다. 성당에서 수필 동호회가 개설되어 글 밭에서 익어가는 문우들과 만남도 소중한 인연이다.

내가 예뻐하던 J가 있었다. 나는 J에게 많은 관심과 호의를 보였다. J의 남편이 사업에 실패해서 J는 경제활동을 해야 했다. 그녀가 취직했다. 나는 그녀가 가정생활과 회사생활을 슬기롭게 할 수 있도록 힘을 보탰다. 2년 동안 나는 지각을 해도 그녀를 내 차로 출근시키고 경제적으로 많은 도움을 주었다. 그러던 어느 날 그녀는 다른 남자와 눈이 맞아 가정을 떠나고 내 가슴을 후벼 파놓고 배신이란 단어만 남기고 떠나버렸다. 그때부터 사람들에게 정을 주지 말자 다짐했지만, 다시 도울 일이 없나 기웃거리고 있다.

내가 좋아하는 K 언니는 일찍 남편과 사별을 하고 아이 둘을 잘 키우려고 온갖 고생을 했다. 자존감이 강한 언니는 누구에게 손 빌리지 않고 혼자 힘으로 아이들이 성장할 때까지 믿음으로 어려운 환경을 극복하였다. 언니는 미술에 소질이 있었다. 어릴 적 미술 대회에 나가면 항상 상을 받았다. 미대에 입학하려 했으나 부모의 반대로 대학을 포기하였다. 나는 그런 언니에게 그림 공부를 하라고 권유했다. 힘든 마음의 상처를 그림 그리면서 풀어 보라고 했다. 언니는 그림을 그리면서 행복해했다. 누군가를 만나고 그 사람에게 도움이 되는 인연이 된다는 것은 관계를 잘 연결해서 평생 이어지는 깊은 인연이 된다.

요즘 우연히 알게 된 인연이 있다. 그분은 3살 때 어머니가 돌아가시고 형수가 키워주었다고 한다. 항상 눈물의 밥을 먹었다고 한다. 형수가 조카들에게는 김이 모락모락 나는 밥과 맛있는 음식을 주고 본인에게는 찬밥 덩이를 주었고 학교에 다니고 싶은데 보내주지 않았다.

몸이 항상 아팠지만 약을 사 주는 사람도 관심을 두는 사람도 없었다. 형이 셋이 있었지만 모른 척했다. 치료를 제대로 하지 못해서 허리에 장애가 있다. 사람들은 그를 난쟁이 곱사등이라고 부른다. 머슴살이하고 모은 돈 3,000원을 들고 서울로 올라와서 액세서리 만드는 공장에 다니며 기술을 익혔다. 공장 다니면서 월급도 제대로 받지 못했지만, 자신의 공장을 할 수 있게 되었고 청각 장애인과 결혼하였다.

글을 몰라서 사기를 당하고 아이가 수술해야 하는데 서약서를 작성하지 못해 초등학교 4학년인 아들이 했다고 한다. 글을 배워야겠다고 생각하던 중에 지인의 소개로 나와 인연이 되었다. 한글 기초 공부를 하고 생활에 필요한 단어들과 동화책, 그리고 좋아하는 노래로 한글 공부를 한다. 어느 정도 글자를 알게 되었을 때 핸드폰에서 문자를 보내는 방법 유튜브에서 필요한 정보를 찾는 방법을 알려 주었다.

자녀들에게 문자를 보내니 자녀들이 놀라서 전화가 왔다. 정말 아버지가 쓴 거냐며 울먹이고 흥분하는 목소리가 들려왔다. 요즘은 길 가다가 간판이 보이면 글자가 보물로 보이고 텔레비전에서 자막으로 나오는 글자를 읽을 수 있어 신기하다고 한다. 어찌 말로 표현할 수 있겠냐며 글 몰라서 서러움 받았던 일들이 스쳐 지나간다고 한다.

병원이나 관공서에서 글을 모르니 항상 남의 손으로 문서를 작성해야 했다. 계약서에 무슨 내용인지 모르고 무작정 도장을 찍어 주었다. 손해 보고 사기 당하고 가슴을 치며 부모님을 원망하고 왜 태어났는지 장애가 된 몸도 싫었다. 극단적인 선택을 하려고 시도한 적도 많았다고 한다.

그런 생각할 때마다 주님께서 보호해 주셨다. 나를 만나게 해 준 것도 주님의 뜻이라며 인연의 끈을 놓지 않겠다고 한다. 아직 받침이 있는 글자는 어렵다고 엄살이다. 그러나 읽고 또 읽고 쓰고 또 쓰기를 반복하며 하루하루 알아가는 글자가 삶에 원동력이며 인생의 가장 멋있는 선물이라고 기뻐한다.

나는 글자 맛집이다. 내가 누군가에게 필요한 사람이 되었다. 책임감이 엄습해 온다. 그렇지만 좋은 인연으로 남고 싶다.

내가 만나는 사람들은 언제 어느 때 누구를 만나도 편안하고 행복을 주는 인연이었다고 말해줄까. 궁금하다.

집사 생활

아침 식사하고 커피 한잔 마음 놓고 마실 시간 없이 점심을 준비한다. 남편 출근하고 아이들 등교시키고 설거지와 집 안 청소하면 시부모 점심을 차린다. 매일 반복되는 일상 속, 지루할 틈이 없다. 삶은 무엇인가를 관리하고 도와주는 집사생활과 같다.

결혼하기 전에 나는 누군가의 집사였다. 동생이 병마에 시달릴 때 나는 줄곧 동생 곁을 지켰다. 내 노력에도 그 아이는 결국 요란한 인사를 하며 어린 나이에 생을 마감했다.

친정아버지는 천식으로, 어머니는 당뇨병으로 입원을 많이도 했다. 아버지가 입원할 때는 병원에서 등하교했다. 어머니가 입원할 때는 집에서 동생들을 돌봐야 했다. 밥과 반찬은 하지 못해도 동생들 등교 준비시키고, 숙제를 봐주고, 잠자리를 도와주었다.

결혼하니 시어머니는 몸이 많이 불편하여 주부의 역할이 어려워서 시누이가 살림을 도맡아 하고 있었다. 시누이가 결혼하고 나는 시부모께 서울에서 우리와 같이 살자고 졸랐다. 내 선택이든 타인의 선택이든 나는 무엇인가를 돌보며 살아야 하나 보다. 끊임없이 과제가 주어졌다.

시아버지께서 암 진단을 받고 시아버지의 병 수발을 들었다. 여러 번의 고비를 넘기고 선종했다. 어머니는 중풍으로 반신불수였다. 8년은 앉은뱅이였고, 8개월은 와상으로 일어나지 못했다. 누워있는 동안 욕창을 치료하고 대소변을 받아냈다. 나는 힘들었고 누군가에게 하소연하고 싶었다. 노동의 대가를 바라는 것은 아니지만, 나도 위로를 받고 싶었다. 나이가 들수록 누군가의 도움 없이 살면 얼마나 좋을까. 누군가의 돌봄이 필요하다는 것이 슬프다. 나도 나이 들어 그 모습이 되지 않도록 건강에 신경을 쓰며 살아야겠다.

내가 직장을 다닐 때, 혼자 집에 있는 어머니가 온종일 무료함을 달래게 하려고 강아지를 분양해 왔다. 낮 동안 어머니는 강아지와 잘 지내기도 하지만, 배설물 처리할 때와 집안을 어지럽힐 때는 질색했다.

어머니와 많은 시간을 보냈던 강아지는 어머니가 계시지 않은 것을 느꼈는지 며칠을 이리저리 돌아다니며 어머니를 찾고 있는 듯 보였고 울고 있었다. 나는 강아지에게도 많은 정성을 쏟았다. 갑상선으로 평생 약을 먹어야 하는 강아지는 점점 나이가 들면서 약도 효과가 없어졌다.

이제 나는 돌보아야 대상이 없다. 앞으로는 새끼 치는 것 늘리지 않고 분양도 하지 않겠다고 다짐했다. 그러나 주택으로 이사 와서 식물에 관심이 생겼다. 나는 안팎으로 바쁘게 살다 보니 식물을 잘 키우지 못했다. 사랑 부족인지 물이 부족해서인지 빛이 부족해서인지 선인장도 죽였다.

그래서 식물은 키우지 않겠다고 했는데 수필반 문우가 준 선인장, 다육식물, 나도 사프란, 스타트필림, 낮 달맞이꽃을 키우다 보니 하나둘 모은 화분이 이제 제법 많아졌다. 물을 주고 정성을 쏟다 보니 제각기 색깔과 모양을 뽐내며 자라주며 예쁜 꽃을 피워줘 기특하다. 잘 죽는 것은 키우고 싶지 않아 무조건 잘 자라는 만냥금, 안스리움, 스킨답서스, 칼린디바 등을 사들였다.

우리 동네는 주택가이다. 대부분 집은 꽃을 가꾸며 정원을 예쁘게 가꾸어 놓았다. 그 집 앞을 지날 때면 나도 모르게 발걸음을 멈추며 그 애들을 쳐다보고 웃고 있다. 울긋불긋 피어있는 꽃들을 보면 사랑스럽고 기분도 좋아진다. 꽃들은 저마다 향기를 풍긴다. 남편은 해가 질 무렵이면 화분에 물을 주며 더위를 식힌다. 비가 오면 밖에 내놓고 비를 맞힌다. 나의 취미활동에 동참했다. 부부가 같은 취미로 이야깃거리가 생겼다. 나는 화분을 살 때 꼭 물어보는 말이 있다.

'이 꽃은 햇빛에 두어야 하나요. 창가에 두어야 하나요, 물은 얼마 만에 주어야 하나요.'

자연이 주는 즐거움이 마음도 편안하고 안정을 준다. 내가 꽃을 가꾸고 잘 자랄 수 있게 되니 신기하다. 나의 가족이 된 것 같아서 위로를 받고 가끔 식멍에 빠진다. 눈을 뜨면 식물들을 먼저 살펴보게 된다. 나는 그들과 친구가 되어 대화도 하고 사랑에 빠져들고 있다.

지난해에 지인이 난을 선물했다. 화분을 햇빛 잘 드는 방 창가에 놓았다. 오랫동안 예쁘게 피어서 행복했다. 꽃이 지고 시들어서 꽃대를 자르며 다음 해에도 같이 웃자고 했다. 새로운 꽃대가 나와서 지지대를 해 주고 아침을 난과 함께 맞이했다. 올해 3월 초에 꽃대 끝에서 꽃망울이 맺히더니 며칠 사이에 꽃이 피기 시작했다. 또 다른 화분에서도 부끄럽게 얼굴을 내밀더니 어느새 예쁜 꽃이 만발했다. 달콤한 향기와 예쁘게 핀 생명력이 강한 서양란은 초보 식 집사에게 기쁨을 선사했다. 난을 선물한 지인에게 사진을 찍어서 올해 이렇게 잘 키웠다고 하니 대박 금손이다. 꽃 피우는 기술이 있는 능력자라며 좋은 일이 있을 거라고 말해주었다.

현관 들어오는 입구 계단에 화분을 놓았다. 우리 집을 방문하는 사람들은 눈이 정화되고 꽃길을 걸어들어오는 것 같다며 기분이 좋아진다고 한다.

예전에는 꽃 이름도 몰랐는데 꽃 그림을 그리기 시작하면서 꽃 이름을 알게 되고 식물을 키우면서 싱그러운 하루가 시작된다. 식물로 실내장식한다는 '플랜테리어' 집에 정원을 가꾸는 '홈가드닝'이 요즘 트렌드이다.

식물을 키우면서 코로나 19를 이겨냈다고 하는 사람이 있고, 우울증을 극복했다는 사람도 있다. 반려 식물들이 잘 자라는 것을 보는 자체가 위로된다는 사람도 있다. 나도 아픔을 겪었다. 암 수술로 우울해하고 있을 때 선물로 받은 꽃이 코로나 블루 시대에 식물이 주는 안정감으로 마음이 편안해지기 시작했다.

요즘은 자연과 가깝게 지내며 갈증을 녹색으로 푼다.

노년老年 수습기修習記 외 1편

반윤희

몇 해 전 유난한 장마와, 내 몸도 장마가 들어 같이 싸우느라 몸도 마음도 피폐疲弊해 졌었는데 그 긴 장마를 잘 이겨 낸 듯하다.

이겨 낼 수 있었던 것은 역시 천연계의 자연현상에 순응하는 일이었다. 작은 내 텃밭의 상추, 아욱, 가지, 고추 오이, 호박, 파프리카, 방울토마토, 참 많이도 심었다. 야채들을 가꾸어 나누어 주는 재미가 좋아서다.

긴 장마에 햇빛을 보지 못한 식물들이 이상기온에 몸살을 앓게 되었다. 오이는 뿌리 체 녹아버리고, 파프리카는 수 없이 꽃을 피우더니 누렇게 잎이 져서 과감하게 뽑아 버렸다. 고추, 가지, 토마토는 물을 먹고 하늘 높은지 모르게 키를 키우고 있으며, 수없이 꽃을 피우나 벌 나비가 날지 못하니 열매를 달지를 못하는 것이다. 식물들과 나는 장마에 버티기를 하는 것이다. 매운 고추는 자두나무와 키 재기를 하는 듯 했다.

장마가 그치고 햇빛이 비추이고 벌 나비가 날라 다니더니 내 뜰엔 환희의 열매가 주렁주렁 매달리기 시작했다. 가지가 찢어져라 방울토마토와 고추와 가지가 열리는 것이다. 숲을 이룬 방울토마토는 가지치기와 잎을 따 주어야 한단다. 가지도 잎을 따 주어야 한다는 것이다. 새벽마다, 기도와 함께 성경 속의 "욥기"를 매일 필사筆寫를 했다. 하나님은 가장 절망하고 가장 고통스러울 때 이겨내는 힘을 주시며, 인간을 통해서는 이룰 것이 없다 하심을 거울삼아 투혼을 이루려고 노력한다. 하늘은 스스로 돕는 자를 돕는다 하신 말씀도 생각하면서 말이다.

허리디스크 협착증은 우선 살을 빼야 한다기에, 쉬운 방법으로 한 동안 된장과 야채만 먹다가 고기를 먹었더니 속이 거북스럽고 부글거려서 온 몸이 무겁고 머리가 띵하고 귀까지 멍멍 하고 간질거려서 미쳐버릴 것 같다.

긴긴 고통의 시간들이 그래도 지나가고 앞뜰에도 어느 사이 난초가 반 뼘은 올라 와 있고 돌나물들이 마당을 장식하고 있지를 않는가, 병치레 마음치레 싸우느라 고정시선에만 꽂혀서 내려다보지를 못하고 위만 쳐다보고 앞 만 보았더니 낮은 곳에서 더 많은 행복한 웃음이 있는 걸 몰랐던 것이다.

말씀에 가장 낮은 자를 위하는 일이 나를 위하는 일이란 걸 잊고 있었던 것이기도 하다.

죽은 줄 알았던 난 화분에서 새순이 올라 왔다. 버려진 것을 주워 와서 마당 귀퉁이에 심어 놓았던 옥잠화도 어느새 순이 올라와서 무성하게 자란 잎들이 위로의 손짓을 보내고 있다.

꽃이라고 부르는 저 것들을 피우기 위해서 죽을힘을 다해 터트려 내지르는 소리를 보고 우리들은 봄이 왔구나, 환희의 노래를 부르지만 죽음을 불사한 행위이다.

작년 까지만 해도 건강에 자신이 있었고 특히 무릎은 튼튼하다고 큰 소리 친 내가. 팔 개월 이상을 양방한방 병원을 다니며 봄, 여름을 다 보내고 말았다. 또한 자식들 눈치를 보아야하는 신세가 너무 서글픈 거다. 어느 날 갑자기 치아에도 문제가 생겨서 시큰거리고 찬 물을 먹을 수가 없다. 오랜 칫솔질 탓으로 닳아서 신경이 파여서 그렇다고 한다. 이제 하나, 하나 고장이 나기 시작 하는 것이다. 심적인 고통이 가중된다. 자식들은 오히려 그럴 연세가 되었으니 너무 상심 마시라며. 병원비도 서슴없이 주지만 왜 그렇게 민망하고 거북스러운지 그 또한 스트레스인 것이다.

만나는 사람마다 다 의사이고 선지자인양 이것 해 보아라 저것 해 보아라 마음이 왔다갔다 나와의 싸움이 더 고통이 되었다. 단순해졌으면 좋으련만 단순하지 못하게 팔 개월 동안 얼마나 많은 생각들이 나를 괴롭혔는가!

기계로 허리 잡아 다니는 것을 석 달을 하였으며, 척추에 주사를 네 번이나 맞았고, 벌침을 맞고 알레르기가 일어나서 죽을 뻔 했으며. 약물 부작용으로 몇 번이나 고생을 하면서 도 의사선생님과 단판을 짓 자기도하고 반드시 고쳐 주실 것이라 믿으면서 팔 개월 동안 죽을힘을 다 해서 거의 두문불출杜門不出 치료에 매달렸다.

척추의 주사를 맞으려고 침대에 누워서 의사를 기다리는데 옆 침대에 누운 할머니가 무슨 병이냐고 묻는다. 척추협착증이라고 했더니 본인도 그렇다며, 칠십 여덟 살이고 병원에 다니는지가 십 오년이 되었다면서 처음에는 죽을 것 같더니 아픈 것도 적응이 된다며, 심하면 병원 오고 견딜 만하면 오지 않는다며 늙으면 다 그러려니 하고 살라고도 한다.

많은 사람들이 이 치료, 저 치료, 권하는 유혹을 뿌리치는 일이 더욱 힘들기도 했다. 세 발짝도 걸을 수가 없어서 눈물이 쏟아질 정도로 괴로웠으니까 말이다.

눈물을 머금고 하루에 두 시간 이상씩 근육강화운동을 병행하면서 물리치료와 침술과 약물요법을 쓰면서 치료를 하던 중 가을 들어서면서 어느 날 소리 없이 스르르 괜찮아 진 것이었다. 시험 삼아 멀리 걸어 가 보아도 괜찮아서 돌아 올 때도 걸어 왔더니 괜찮은 것이다.

거짓말 같이 너 언제 그렇게 아팠느냐고 하는 것 같았다.

인내는 쓰나 열매는 달다 란 말을 실감 한 것이다. 노년의 첫 문턱을 잘 넘긴 게 아닌가한다. 마음은 아직도 청춘인데 몸이 말을 듣지 않는다고 한탄 하던 어른들의 말씀이 실감이 난다.

내가 그럴 나이가 되다니 참, 세월 이기는 장사는 없다는 말이 가슴에 와 박힌다.

몸도 마음도 일치 할 때만이 진정한 사람이다. 라는 부처님 가르침이 다시 상기想起된다.

이제 마음도 몸 따라 순리를 쫓아서 진정한 사람으로 거듭 태어나는 연습을 더 많이 해야 할 것 같다.

인생은 만남과 헤어짐이다

사람이 한 세상을 살면서 깊은 만남을 갖는 사람 은 불과 10여 명도 안 되는 것 같다.

열 손가락으로 셀 정도의 극소수의 사람과 깊은 만남을 우리는 가질 따름이다.

나를 낳아 준 아버지와 어머니, 핏줄기로 얽힌 2, 3명의 형제, 자매, 그리고 아내 또는 남편, 나의 분신인 2, 3명의 내 아들과 딸들, 그리고 막역한 2, 3명의 지기知己, 사숙私淑 하는 은사님 한두 분, 그리고 사랑하는 연인 한 둘과 가까운 친척 2, 3명, 그 밖에 어떤 인연으로 얽힌 한두 명의 선배 또는 은인(恩人), 인간이 이 세상에서 만나는 사람 중에서 가장 가까운 이는 이런 범위 이런 정도가 아닐까 싶다.

우리는 겨우 10여 명의 사람과 일생 동안 깊은 만남을 가질 뿐이다. 그 밖의 만남은 모두 옅은 만남이요, 일시적인 만남이요, 피상적인 만남이요, 만나나 마나 한 만남들이다. 10여 명의 사람과 우리는 깊은 실존적인 만남 을 가질 따름이다. 우리는 그 10여 명의 사람을 神이 내게 주신 은혜요, 선물이요, 운명으로 생각하고 소중하게 여기고 극진하게 대해야 한다. 그것은 불교적 표현을 하면 전생前生의 한량없이 깊은 인연이다.

길가에서 옷자락 한 번 스치고, 얼굴을 잠깐 보고 지나쳐 버리는 무연無緣의 중생들이 많다. 그들은 나와 아무 깊은 관계가 없는 사람들이다. 그야말로 남남이다. 그러나 그런 하잘것없는 인연도 전생에 5백 번 만난 사람이라야 그것이 이루어진다고 한다.

다정다감하게 생각하지 않을 수 없다. 불교사상은 인연법이고, 기독교 사상은 관계법이다. 한 지붕 밑에서 한 솥의 밥을 먹으면서 일생 동안 같이 살아가는 부모, 자식, 아내, 형제, 자매는 아마 전생에서 수억 번 만난 깊은 인연의 결과요, 산물일 것이다. 우리는 전생의 기억은 없다. 그러나 그렇게 생각하면 내가 만나는 사람은 더욱 소중하게 여기게 된다.

전생에서 만났던 친구를 금생에서 또 만나는구나! 하고…

우리는 10여 명의 인간과의 깊은 만남 이외에 고인古人들과의 두터운 정신적 만남을 갖는다. 그것은 주로 독서를 통해서 이루어진다. 독서는 옛사람과의 깊은 정신적 만남이다

나는 고인을 볼 수 없다. 또 고인도 나를 볼 수 없다. 그러나 책을 읽으면서 우리는 고인을 만난다. 우리는 독서를 하면서 원효元曉도 만나고, 퇴계退溪도 만나고, 만해萬海도 만난다. 또, 공자孔子의 음성도 듣고, 노자老子의 말도 듣고, 도연명陶淵明과 상봉相逢 하고 손자孫子와 조우遭遇 한다.

또 예수를 만나고, 석가를 대하고, 플라톤에 접하고, 괴테와 해후한다.

만일 책이 없다면 우리는 절대로 그분들과 정신적 만남을 가질 수가 없다. 시공을 초월하여 동서고금의 위인들과 깊은 정신적 만남을 갖는 길은 오직 책을 통해서뿐이다.

그러므로 책처럼 위대한 것이 없다. 국파산하재國破山河在'라고 옛 시인은 읊었다.

나라가 망해도 산하는 그대로 남아 있다고 했다. 나라가 무너져도 책은 남는다. 책은 정신을 담는 그릇이요, 말씀의 집이요, 사상의 창고요, 얼의 결정체結晶體다.

누구나 고인古人 들과 깊은 정신적 만남을 갖는다. 그것도 인생의 큰 인연이다. 서로 인연이 깊었기 때문에 그분을 좋아하고 그 어른의 말에 감명을 받는 것이다.

그런 고인도 10여 명밖에 되지 않는 것 같다. 적어도 나의 경우는 그렇다.

나의 정신 형성에, 인격 건설에, 사상 심화思想深化에 크고 깊은 영향을 준 이는 약 10명 밖에 안 되는 것 같다.

나는 한국인으로서 도산島山과 춘원春園을 든다. 그리고 중국인으로서는 공자를 들어야 되겠고, 인도인으로서는 간디와 석가를 들고 싶다. 또 그리스도를 들지 않을 수 없다. 서양인으로서는 소크라테스, 플라톤, 칸트, 키르케고르, 파스칼, 스피노자, 러셀, 괴테, 톨스토이를 들고 싶다. 이들은 내가 살아오면서 정신적 영향을 가장 많이 받은 분들이다. 모두 10여 명 정도다. 이분들의 사상적 영향을 받지 않았더라면 나는 정신적 공허空虛에 빠졌을 것이다. 나의 사상이나 인격 형성에 결정적 영향을 준 것은 살아 있는 현실의 사람이 아니라 책을 통해서 만난 10여 명의 고인古人 들이다. 그러고 보면 산 사람보다도 죽은 사람의 힘이 더 크다. 이 20여 명의 존재가 나의 보배요, 나의 사랑이요, 나의 재산이요, 나의 세계다.

인생은 너와 나의 깊은 만남이다. 만남처럼 소중한 것이 없고, 만남처럼 뜻 깊은 것이 없다. 만남이 우리의 인생을 만든다.

나는 사십 대 초반에 불교대학을 다니면서, 부처를 만났고, 십칠 년 동안 금강경을 매일같이 쓰고 읽으면서 철학에 심취해 작가가 되었으며, 오십칠 세에 남편 병간호하면서 에덴요양병원에서 예수를 만났다. 그때부터 지금까지 매일 아침에 일어나서 '욥기'를 '시편'을 세 번 이상 썼으며, '성경 구약 신약을 세 번째 쓰고 있으며, 원수를 사랑하라는 성경 말씀에 순종하며' 97년 7월 에 결혼시킨 아들 며느리와 이십칠 년째 울고 웃으며 잘 살고 있다.

예수는 원수를 사랑하라고 하고, 부처는 자식이 원수라고 한다. 자식 때문에 애 간장 녹이지 않은 사람 있으면 나와 보라지. 억만 겁의 원수가, 원수, 갚으려고 태어나는 것이 자식이요. 수 만생의 원수가 부부로 만나는 거라고 한다. 원수를 사랑해야만 업을 벗을 수 있는 것이 불교다. 원수를 사랑해야만이 살아갈 수 있는 것이 기독교다.

불교에선 자식이 없는 자는, 업이 없는 자라고 하고, 기독교에선 죄 없는 자 자식 없는 자라고 하니, 일맥상통이지 않는가 한다.

우주 만상에 오로지 나라는 존재가 하나밖에 없으며, 내세가 있다 한들, 천국에 간다 한 들, 지금 이 순간, 이생만 하리오! 이왕에 온 세상 연극 한바탕 멋들어지게 하고 가야지 않겠는가 말이다.

내 어머니는 살아생전에 자식들에게 입버릇처럼 말똥에 굴러도 이승이 제일이란다. 하시며,   인연을 소중히 여기시며, 일가친척들에게 늘 베풀고 사셨으며, 평생 관세음보살을 주문하면서 사시다가 97세에 주무시다가 배꽃 같은 얼굴로 영면하셨다.

어디에서도 만날 수 없는 내 어머니이지만, 평생 가르쳐 주신 교훈을 의지하고 살면서, 내 어머니처럼 살다가 떠나고 싶은 마음의 간절함을 가질 나이가 되었다.

가을 외 1편

땀으로 옷을 다 적시고 차에 타자마자 에어컨부터 켜던 내가 이제 아침에 겉옷을 챙기고 창문을 닫고 있다.

가을이 온게야 도시서 살 때는 옷의 두께로 알아차린 가을이었다

그러나 지금은 가을이 오고 있다는걸 알게 되는 건 수확하는 농산물이 달라지면서이다.

무더운 여름 고구마밭에서 배랭이풀과 명아주와 사투를 벌일때는 가을이 온다는 생각을 할 겨를이 없다.

곧 사그라질 풀이라는 걸 생각조차 못 하고 너 죽고 나 죽자 풀과 싸워대다 결국 풀이 이긴다.

고구마밭에 풀들을 해치우고 땅콩밭에 오면 또 땅콩밭의 풀들이 기다리고 있고 다시 고구마밭에서 슬금슬금 고개를 내민 또 다른 독고마리나 한삼풀들이 시비를 걸어와 그 풀들과 전쟁을 치르고 나면 이건 한여름이다.

한낮 기온은 37도를 웃돌고 라디오에선 연신 폭염에 주의하라는 뉴스가 나오는 때 그때 말이다.

하지만 달력의 날짜들은 잘도 넘어가고 풀들과 휴전을 선포하고 포도밭에 들어서면 그래도 땀이 덜 흐른다.

가을이 시작되는 것이다. 초록 알갱이가 까만색 알갱이의 포도로 성숙하는 동안 그렇게 가을이 다가온다.

포도밭의 포도 향이 짙어지면 더운 열기도 가라앉고 스치는 바람도 서늘해진다. 그렇게 가을이 오고 있다.

3월. 4월. 5월은 봄, 6월, 7월, 8월은 여름, 9월, 10월, 11월은 가을, 12월, 1월, 2월을 겨울 이렇게 정해진 내 머릿속의 계절은 조금씩 바뀌기 시작했다. 그리고 봄을 좋아했던 나는 가을이 가장 좋은 계절이 되었다.

봄의 시작을 알리는 3월보다는 농사를 시작하는 2월이 내겐 봄의 시작되었다.

그리고 콩을 다 털고 나야 비로소 겨울이 시작되니 11월이면 내겐 겨울이 시작되는 것이다.

땀을 흘리며 풀과 사투를 벌이는 그 시간이 내겐 여름이고 포도 수확을 시작하는 시기가 와야 비로소 여름이 지나고 가을이 오는 것이다. 물론 포도가 첫 수확물은 아니다. 초여름 수화하는 감자가 있지만, 왠지 내겐 포도 수확이 한해 농사의 첫 수확물로 여겨진다 수확 기간도 하루 이틀에 끝나는 감자보다는 3주 정도 수확하기 때문인지도 모른다.

그리고 포도밭에 들어와야 그 진진한 더운 여름을 피할 수 있어 좋다. -이 말이 제격이다 좋다는 말보다 더 어울리는 말을 찾을 수가 없다- 모기도, 흐르는 땀도 잦아들고 향긋한 포도 향에 푹 빠져 지낼 수 있는 포도밭에서 난 내가 좋아하는 가을을 만끽할 수 있다.

가을은 여름의 청청함을 한 톤 낮추기도 하지만 그 대가로 알록달록 곱게 색을 입힌다.

그리고 색을 입히기만 하는 것이 아니라 곡식을 살 찌운다.

벌판의 벼 이삭이 살을 찌워 고개를 숙이게 하고 땅속에서 아무도 모르게 자라던 고구마도 가을의 서늘한 바람이 살찌우게 하는 것이다. 유명한 시인이 나를 키운 건 8할이 바람이라고 하신 말에 난 9할의 가을바람으로 컸다고 말하고 싶다. 그 무더운 열기가 가시고 가을의 서늘한 바람이 불고 나서야 비로소 곡식들이 살이 찌는 것처럼 나도 이 가을의 서늘한 바람으로 더 성장하고 점점 더 나아지는 사람이 되어가는 느낌이 든다.

여름의 혹독한 무더위, 긴 장마와 긴 가뭄으로 살아내기가 아주 힘들었지만 그래도 기다리던 가을이 다가와 주면 어김없이 포도는 검은 옷을 갈아입고 우리에게 멋진 풍미를 뽐낼 수 있는 건 가을의 힘이다.

그 여름날의 수고를 보상해 주는 가을이 없다면 우린 그 지난한 여름의 전쟁에서 이길 힘이 있을 리 없다.

온전한 가을 덕분에 우린 풍성하게 겨울을 준비할 수 있다.

성성한 여름과 힘든 겨울 사이에 풍성한 가을이 있어 주어 우린 또 희망의 봄을 맞이할 수 있고 그 여름을 헤치고 겨울의 쉼을 가질 수 있는 것이다.

도시에서는 느낄 수 없었던 나의 사계는 이렇게 정리가 되면서 난 더욱 가을이 좋다.

파란 하늘이 하얀 구름이 노랗고 빠알간 단풍이 멋지기도 하지만 나의 더운 여름이 지나가서 좋고 추수가 모두 끝나고 쉴 수 있는 겨울이 곧 올 거라는 기다림을 주는 가을이라 좋다.

좋고 좋은 이 가을을 좀 더 내 옆에 두고 싶지만 그건 내 욕심이다.

이 가을을 보내주어야 난 또 다가올 겨울과 기대되는 새로운 봄과 치열할 내 여름을 다시 만나게 될 테고 그래야 그 좋을 이 좋은 가을을 다시 만나게 될 테니 말이다.

내일이 기대되고 또 다음 가을이 더 만나고 싶다.

아무래도 나는 가을과 사랑에 빠진 듯하다…….

친구

아주 오랫동안 잊고 살았다. 내게도 그런게 있었는지조차 생각하지 않은 듯하다.

물론 사회생활을 시작하며 내가 외톨이로 살았던 건 아니다. 많은 사람과 교류하고 관계를 맺고 단조롭지 않은 생활을 했다. 하지만 내겐 친구는 없었다. 날 좋아해 주고 때로는 걱정도 해주고 진심으로 내 편인 친구가 내게 있었는지 모르고 살았었다.

어릴 적 친구라면 내 속을 알아줄까? 그런데 어릴 적 친구를 어디서 만날 수 있는 걸까?

생각을 많이 해보지도 않았지만 만날 엄두는 내지 않았다. 동네 가까운 학교에 다닌 게 아니라 동네 친구도 없고 졸업한 후에 만나던 친구들은 결혼하고 애 낳고 사는 동안 소식을 모두 놓쳤다. 아쉬움도 없는 단절은 단절도 아니다.

왜냐하면 친구를 만날 여력도 없었기 때문이다. 그러다 나이 오십이 되니 학교로 다시 오라는 전갈이 왔다. 총동문회에 들어갈 나이라는 것이다. 내가 다닌 여고는 졸업하고 30년이 지나면 그러니까 나이로 오십이 되면 다시 불러 동문을 만날 수 있는 자리를 만들어 주는 전통이 있다. 어렴풋이 그런게 있다는 건 알았지만 정작 내가 오십 나이가 되고 졸업한 지 30년이 지나자 정말 연통이 온 것이다. 날 기억할까? 아니 내가 기억할 수 있을까? 소심한 걱정을 앞세우고 나섰지만, 친구들을 만나자마자 그건 몽땅 기우였다. 나의 십대의 마지막을 기억하는 기억해주는 친구들이 곳곳에 살고 있었다. 어쩜 그리 한 번도 마주치지 않고 살았는지 그게 신기할 정도로 지척에 있었고 생각보다 종종 더 자주 그리워하고 있었다. 친구라는 단어조차 잊었다고 생각한 게 무색할 정도로 친구들 만나는 게 좋았다. 헤어져 살아온 게 길다면 긴 30년이 아무렇지도 않다. 각자 모두 다른 모습으로 살아왔지만 우린 그저 낄낄거리며 수다 떠는 열 여덟 살짜리 그때 그 모습이다. 맞다 이게 친구였다. 이해타산이 필요 없고, 잘 보이려고 애쓸 필요 없고, 힘들어 보이면 손을 내밀고 싶고, 쉬고 싶을 때 기대고 싶은, 속상한 이야기를 전화로 한참 얘기해도 되는 그런 친구 말이다.

난 갑자기 그런 친구가 생겼다. 딱히 예의를 갖추며 조심하지 않아도 되고 또 나의 무례함이 그리 흉이 되지 않는 친구.

살면서 오롯이 내 편인 사람 하나 있었으면 좋겠다고 생각했는데 가족보다 맘 편한 내 편이 생겼다.

노후를 걱정하는 사람들은 첫 번째 외로움을 걱정한다. 경제적인 문제의 걱정도 외로워 질까 봐 인 것 같고 건강상의 걱정도 외로움이지 않을까? 궁색하거나 건강이 나빠져 홀로 남을 것을 걱정하는 게 노후 걱정이라고 나는 생각한다.

벌써 우린 아이들이 우리의 외로움을 덜어 내주지는 않을 거라는 걸 너무 잘 알고 있다. 또 나의 배우자가 마냥 나랑 함께하지 않는다는 것도 알고 있다. 좀 씁쓸하고 허전한 마음이 들기도 한다. 하지만 이런 걱정거리를 싸악 잠재울 수 있는 친구가 있다면 외로움의 시간을 그리 두렵지 않다. 아직은 일도 많고 챙길 가족들에 시간이 없어 보고 싶어도 전화통화로 만족해야 하고 모임에 참석하기가 녹록하진 않지만 난 든든하다. 내가 만나러 가지 않아도 날 보러 와줄 것이고….

아니 내가 먼저 만나러 가볼 요량이라도 할 수 있는 친구가 내겐 있기 때문이다. 얼마 전 내게 시간이 많아도 만날 사람도 할 일이 없어 속상하다던 지인에게 난 친구가 되어 주고 싶었다. 하지만 친구란 정이 있어야 하고 정이란 함께 살아온 삶의 두께인 만큼 시간이 쌓여 있지 않은 그에게 내가 아는 그런 친구가 되어 주겠다는 말을 쉽게 꺼낼 수가 없었다. 아주 오랜만에 만났어도 그 어릴 적 시간을 함께 보낸 나의 친구들과는 함께 한 시간이 있다. 함께 살아내었던 시간이 있었다. 그래서 우리에겐 情이 쌓여있는 것이다. 그런 연유로 우린 친구가 될 수 있는 것이고 그 마음으로 내게 편안함이 생겨난 게다. 나이가 육십이 넘기 전에 친구들을 찾아주는 동문회의 깊은 전통의 이유를 알 것 같다.

바쁘게 사는 동안 잊고 있었던 어쩌면 인생에서 가장 중요한 친구를 오십쯤에는 찾아보게 하는 이유를 말이다.

그래야 육십이 되고 칠십이 될 때쯤이면 더 깊은 정이 들어 더 끈끈한 우정이 생길 터이니 외로움에 두려울 새가 없을 것이다. 아름다운 나의 노년을 위해 친구들에게 잘 보이고 싶다. 내일 만나는 친구들을 위해 밤 꾸러미를 꾸리고 난 열여덟 적처럼 재미있고 신이 난다. 친구들아 딱 기다려. 내일 보자.

백밀러 외 1편

"환자분, 수술은 잘 끝났어요, 눈을 떠 보세요"

의사 선생님의 목소리에 눈을 뜨니, 수술실의 하얀 천장과 벽, 그리고 나를 빙 둘러싼 하얀 가운의 의사 선생님들의 모습이 시야에 들어온다.

"팔이 이렇게 아래로 쳐져서 내려가니까요. 이 손으로 꼭 잡아 주세요." 하며 젊은 남자 의사 선생님이 나의 왼손을 끌어당겨 오른쪽 팔을 잡도록 친절하게 시연을 해 주었다. 그런데 바로 그 순간, 소름 돋는 충격이 온몸을 휘감았다. 그건 내 오른팔이 아니었다. 물컹하고도 차가운 너무도 생소한 이질감이 왼손을 통해 전신으로 전해졌다. 곧이어 나는 바퀴 달린 침대로 들어 옮겨져서 병실로 이동되었다.

수술이 무사히 끝났다는 안도감과 함께 비몽사몽 다시 잠에 빠졌다가, 설 잠에서 깨어난 한밤중, 문득 의사 선생님의 지시가 생각나 왼손으로 오른팔을 찾으니 도대체 모르겠다. 허공을 휘저어도 방향도 위치도 짐작조차 안 되는, 오른편에 대한 내면 기억이 송두리째 사라져 버린 듯한 어처구니없는 상황이 발생한 것이다. 교통사고 부상으로 다친 쪽은 오른쪽 팔인데, 왼손이 어찌 그걸 모를 수 있는지, 그저 기가 막힐 노릇이었다. 왼손을 위로 들어 올려 허공에서 포물선을 그렸다가, 위아래 좌우를 휘젓다가, 침상의 오른쪽 아래에서 겨우 찾았다. 수술실에서 느꼈던 왼손의 촉감으로 그 무언가를…. 거기 늘어져 있는 묵직한 그 낯설음을 있는 힘을 모아 간신히 잡아끌어서 가슴 위로 올려

놓았다. 분명 내 육신의 한 부분이지만 무신경과 무감각으로, 내 의지와 무관한 내 것이 아닌 내 것이었다. 부상당한 부위의 위치마저 인지와 함께 허망함의 안개 속으로 사라져 버렸으니, 생과 사의 차이가 문득 궁금하였다.

기온이 뚝 떨어진 지난 2월 어느 날 아침 일찍, 읍내에 약속이 있어 여느 때와 같이 승용차에 올라타고 시동을 건 다음, 무심코 바라본 운전석쪽 백밀러가 온통 하얗다. 간밤의 급격한 기온 차로 생긴 성에가 백밀러에 새하얀 쌀가루가 되어 덮어 씌워져 있었다. 유리문을 내리고 손을 뻗어 닦아 보려고 해도 쉽지 않았다. 주행 중 신경이 쓰일 것 같아 출발하기 전, 잠깐만 제대로 닦아야지 생각하며 차에서 내린 게 화근이었다. 차 문을 열고 자리를 뜨는 순간, 차가 혼자서 앞으로 전진하는 게 아닌가? 이건 아닌데 생각했지만, 예상치 못한 황당한 일에 머릿속이 하얗게 멘붕이 되어 버렸다. 그 큰 차를 붙잡기라도 하겠다는 듯 거의 무의식 상태로 반사적으로 팔을 뻗었고, 넘어지면서 차에 치이고 말았다. 그런데 미친 듯이 직진하던 차는 가드레인을 박고 다행히 멈추었다. 이른 아침, 행인이 없는 도로에서 인명 피해 없이 멈추어 준 것이 얼마나 다행인지, 보는 사람 없는 것이 감사할 뿐이었다. 다른 차에 방해가 되지 않게 해야 한다는 생각이 창피한 마음을 앞서 넘어진 몸을 간신히 일으켰다. 멈춰 선 차에 급히 올라타 이동 주차하려고 보니, 차 시트에 선혈이 낭자하다. 그때까지 엉망이 된 옷도 보이지 않았고, 부상의 아픔도 느끼지 못했다. 비로소 사고 부상의 심각함을 인지하고, 급하게 응급실로 실려 와서 골절 수술을 받게 된 것이다.

지극히 평화로운 일상이 와르르 무너지는, 전혀 예기치 못한 모든 상황이 그야말로 한순간에 벌어진 것이다. 내가 30여년 무사고 경력인데 어떻게 이런 실수를 할 수 있는가? 이렇게 내 인생이 무너지는가? 사고를 당한 것보다 어처구니없는 실수가 더 가슴을 짓누르며, 자책감이 밀려들었다. 오만가지 생각으로 머리가 복잡했다. 그런 와중에도 병실의 동쪽 창문이 희뿌연 여명으로 점차 밝아지고 있었다. 그때 저 아래 깊은 심연에서 전기 감전의 찌릿함이 한 줄기 섬광의 불꽃 신호로 솟구쳐 올랐다. 잠시 후 통증이 밀물처럼 밀려들었다. 반사적으로 나는 왼손을 들어 올려 통증의 실체를 정확하게 붙잡았다. 거기 마취에서 깨어난 오른팔이 있었다. 놀랍게도 그 통증은 실존을 동반하고 있었다. 살아있음의 실존을 증명해 주는 것이 통증이라니, 놀라운 자각이었다. 감각이 돌아온 팔은 어제 느꼈던 차갑고 낯선 느낌이 아니었다. 비록 통증은 있으나, 분명히 내 신체의 일부인 것을 느낄 수 있었고, 내가 팔을 잃지 않았음에 감사의 눈물이 주르르 흘렀다. 어제 수술을 위해 주사한 진통제의 효력이 끝나고, 마취가 풀리기 시작한 것이다. 밤사이 그토록 허공을 휘저으며 찾아 헤메었던 오른팔의 위치가 분명하게 느껴지는 내면의 기억이 여명과 함께 돌아온 것이다. 아, 거기 있었지, 존재의 인식이 고통의 덕분이라는 사실은 아이러니였다. 실존과 고통은 동전의 양면으로 존재하는 동안 피할 수 없다는 걸 느꼈다. 거부하고 싶어도 그럴수록 선명해지는 진리와 같은 것이다. 심연의 어두운 구석에 웅크리고 있는 내면아이, 무관심으로 애써 눌러 주눅이 든 슬픈 자아가 내가 살아 있음을 소리 없이 증명하고 있다.

그날 아침 어처구니없는 사건은, 지난 2년여 동안 적금을 부어 가며 기다리던 성지순례 출발을 불과 며칠 앞두고 벌어진 일이기도 하였다. 우여곡절이 많은 준비과정이었기에, 걸을 수는 있으니 깁스하고라도 참여하고 싶었다. 그러나 그 또한 일행에 부담을 줄 수 있다는 생각이 들어 접기로 하였다. 지인은 순례에서 받을 은총을 미리 받았다고 생각하라며 아쉬움을 위로해 주었다. 사람이 계획을 세우나 이루시는 분은 하느님이시다라는 말씀을 다시금

되새김하였다. 수많은 시간 동안 세밀하게 계획한 많은 것이 무위로 돌아가 버리고, 무지개빛 희망은 수포로 돌아갔다. 이제 잠시 하늘을 올려다보고 유유히 흘러가는 구름을 쳐다본다. 걸어온 길을 돌아보며, 급하게 오느라 놓치고 있었던 그 무언가를 찾아보는 기회로 삼기로 하였다. 지나온 발자국마다 고임돌이 되어 있는 고통이라는 크고 작은 돌맹이들이 보인다. 그 아픔들이 디딤돌이 되어 오늘 여기까지 올 수 있었던 것이다. 정작 백밀러를 통해 내가 보아야 할 것은 그 디딤돌이 되어준 고통의 본질이었다. 피할 수 없다면 즐기라는 말을 이제 인생 좌우명으로 삼기로 했다. 다행히 부상의 깁스는 풀었지만, 재활치료는 요원하다. 걸어야 할 날들을 날마다 재활의 새날로 삼기로 하니 그 또한 감사하다.

할머니와 나비

대문 앞 골목길을 지나치실 때마다 나주 할머니는 카랑카랑한 목소리로 외치셨다

"뭐해요?, 우리 집 커피 먹으러 와요!"

만나서 반갑다는 인사도 커피로 시작하고, 모여 앉아 담화를 나눌 때도

방 한가운데를 차지하니, 언제부터 우리가 커피 소비 강국이었나 궁금하다. 할머니는 아담한 체구에 굽은 허리로 보행 보조기를 밀고 다니셨지만, 목소리만큼은 기운이 넘치셨다. 젊은 날의 고운 자태의 흔적이 얼굴 가득한 주름살에 여전하신 할머니는, 몇 년 전 우리 가족이 낯선 이 동네에 귀촌하였을 때, 가장 먼저 다가와 준 좋은 이웃으로, 따뜻한 정을 나누며 지내게 되었다.

작년에는 할머니의 큰아들이 수십 년 동안 살아 온 쓰러져 가던 오두막집을 헐어내고, 조립식으로 멋진 집을 지어 주었다. 자랑스러운 아들은 힘든 시절엔, 버팀목이 되어 주었고, 잘 자라 직장을 갖고, 결혼하여 일가를 이루었으니, 지난날의 고달픔을 보상받는 듯 기뻤다. 그래서 틈만 나면 이웃들을 집으로 불러 모아 아들 자랑과 더불어 커피 담화를 즐기시는 게 크나큰 낙이었다.

할머니는 고향 나주에서 나고 자라, 열여덟 꽃다운 나이에 중매로 만난 남편과 결혼을 하였다. 남편은 키가 크고 훤칠한 미남으로 동네 사람들이 선남선녀라고 부러워하였다. 그러나 남편은 가정을 지키고, 건사하는 것보다 술과 여자를 더 좋아하는 한량이었다. 집안 대소사는 물론 가족의 생계에도 무심하여, 할머니는 새댁 시절부터 연약한 몸으로 버거운 삶의 무게를 감당해

야 하셨다.

한번은 남편이 가까운 친구 몇 명과 어울려 큰 동네에 가서 달포 동안 먹고 자고 일을 하여, 품삯으로 큰 몫돈을 벌었다. 당시 서민의 교통수단이었던 소달구지를 타고 돌아오게 되었는데, 도중에 있는 주막집을 몇 번 거치고 오는 바람에 다들 술에 거나하게 취하게 되었다. 그러나 인사불성 빈털터리로 귀가한 사람은 일행 중 유독 할머니 남편뿐이었다. 비가 새는 지붕을 고치기로 한 희망에 들뜬 몫돈의 용처가 실망으로 무너지는 아픔의 순간이었다.

어린 4남매 자식들과 끼니 걱정하며 고생하는 모습을 가슴 아파하는 시누이의 조언으로 일거리 찾아 수도권에 정착 한지 50여 년이 지났다. 그러나 남편은 여전히 변함없는 한량으로 살다가, 병을 얻어 투병 끝에 7년 전에 세상을 떠났다.

그런데 할머니 모습이 며칠째 보이지 않아 댁으로 찾아갔다가 안타까운 소식을 들었다. 할머니가 산보를 하다가 보행 보조기와 함께 길옆 도랑에 떨어져 골절상을 입고 병원에 입원해 계신다는 것이다. 넘어지면서 다리를 크게 다치신 것이다. 코로나가 기승을 부려 병문안도 못 가고 퇴원하기만 기다리고 있던 어느 날, 청천벽력같은 할머니의 부고를 받았다. 젊어서부터 고생하며 살던 이야기, 이제는 자식들이 잘되어 살만하다고 자랑하시던 모습이 선한데, 뭐해요! 하시던 기운 넘치던 그 목소리가 귓가에 쟁쟁한데, 그처럼 쉽게 가시다니 믿기지 않았다.

그 후 사흘째 이른 아침, 동네 남자들이 부산스럽게 묘터 파기를 위한 장비를 들고 산으로 올랐다. 나주 할머니 아들의 부탁으로 돌아가신 할아버지 산소 곁에 장지를 마련하러 간 것이다. 먼저 개토제를 올리고, 발인시간에 맞추어 서둘러 묘터를 파고 있는데, 갑자기 연락이 왔다. 어머니를 그곳에 모실

수 없다는 것이다. 사연은 어머니가 임종 직전 남긴 유언으로 너의 아버지 곁에 절대 나를 묻지 말고 화장하여 훨훨 뿌려 달라고 하신 것이다. 아들은 망설였으나 유언을 거역할 수가 없다는 설명이었다. 땀을 뻘뻘 흘리며, 묘터를 파던 사람들은 허탈한 심정으로 다시 터를 메꾸고, 개토제에 쓰고 남은 술로 막걸리잔을 기울이며 회자 되던 할아버지의 생전 에피소드를 꺼내기 시작하였다.

"그러게, 젊어서 좀 잘하시지, 그렇게 속을 썩이더니 죽어서 곁에 오지 않겠다는 마누라를 원망할 수 있겠냐"며 고인과 동년배인 친구가 먼저 말문을 열었다. 할머니의 젊은 시절에 있었던 일이다. 등에는 어린 자식을 업고, 큰 애는 걸리고, 생선 함지를 머리에 이고 다니며 행상을 다녔다. 저녁이 되어 겨우 쌀 한 되박을 구해 집에 왔는데, 그날 따라 남편이 집에 있었다. 등에 업혀 잠들어 있던 어린 자식을 방에 눕히고 부엌에서 밥을 지으려니, 쌀자루가 보이지 않더라는 것이다. 남편이 그 쌀자루를 들고 사라진 것이다. 눈이 뒤집혀진 할머니는 이미 땅거미가 내려앉은 어둑어둑한 고갯길을 달려 짚이는 데가 있는 주막에 찾아가 보니 댓돌 위에 남편의 신발이 보이더란다. 방문을 열고 보니 남편은 기생의 치마폭에 감겨 있더라는 것이다. 울고 불고 발악을 하여 쌀을 찾아 와 밥을 지어 어린 자식들에게 먹일 때, 그 심정이 오죽했을까? 그런데 그 일로 기분이 상한 남편은 집에 돌아와 할머니를 때리며 화풀이를 했다고 본인은 그 사실을 영웅담처럼 동네에 다니며 자랑을 했다고 한다. 그런데 듣는 이들은 할아버지가 무용담처럼 바람기를 자랑할 때, 그 허풍을 부추기며 말 장단를 치기도 했던 사람들이었다. 그들은 할아버지 남자의 심벌이 보통 사람보다 두 배는 크다고 지금도 전설처럼 믿고 있다. 그런 사연들을 잘 아는 지인들은 영감 곁에 묻지 말라고 한 고인에게 동정의 표를 던지는 이

증성을 보이기도 한다.

당시 우리 사회의 기저에 흐르는 남존여비 사상은 도처에 깊숙이 스며있어, 칠거지악이라는 여성을 억압하는 개념이 필요했을 것이다. 할아버지의 일탈과 무책임은 한 개인으로 국한하지 않는, 우리 사회의 함묵의 결과이기도 하였다. 할머니는 피할 수 없었던 아픔을 받아 안고, 인고의 세월속에 연꽃의 미소를 얼굴에 피우며 도인으로 사신 것이다. 그러나 할머니는 마지막 순간 소망을 이루셨다. 번데기 껍질을 벗어야만 나비가 날 수 있듯이, 할머니는 팔십 평생 억압의 번데기를 벗어 던지셨다.

15년 전 호주제 폐지로 나라가 술렁거릴 때, 나 역시 걱정이 많았다. 남성우월주의 산물이지만, 그마저 없애면 우리 사회가 얼마나 무질서해질까 염려했으나 기우였다. 결과적으로 인권과 남녀평등을 위한 민주주의 초석이 되었다고 보는 게 상식이다. 할머니는 그래도 되는 세상에서 이제야 비로소 그러면 안 되는 세상으로 날아가, 아름다운 흰나비가 되어 훨훨 날고 있을 것이다.

양계장1(용돈) 외 1편

어린 시절, 우리 집 안마당에 닭 가족이 살았다.

닭은 우리와 한 가족이었다. 새벽이면 목청 높여 시간을 알려주고 늦잠 자는 삼촌을 깨워주었다. 집에 낯선 사람이 나타나면 큰 소리로 경계하고, 집 안팎을 구석구석 다니며 벌레를 잡아먹는다. 달걀은 가족의 건강을 지켜주고, 닭고기는 명절이나 잔치 때 최고의 요리였다. 또 가끔 귀한 손님이 오면 자기주장 하나 없이 기꺼이 제 몸을 내놓았다.

닭은 어머니의 용돈이었다. 어머니는 닭이 산고의 고통을 겪고 난 달걀을 내 것인 양 시장에 팔아 가용 돈으로 쓰고, 닭을 팔아 목돈을 마련하였다.

내가 초등학교에 다니기 시작하면서부터 달걀은 나의 용돈이었다. 학교 앞 '길례네 가게'에 가서 공책이나 연필 같은 학용품을 사기도 하고, 풍선·구슬·사탕 같은 것과 바꾸었다. 달걀을 가지고 가는 날은 기분이 좋았지만 짓궂은 천돈이와 진회가 골칫거리였다. 달걀을 손에 들고 갈 때 장난을 치면 속수무책이었다. 손을 툭 쳐서 땅바닥에 떨어뜨린 때가 한두 번이 아니다.

닭에게 천적이 있다. 등 색이 황금빛으로 빛나는 족제비다. 이놈은 야행성 이어서 밤이면 어린 병아리를 물어다 잡아먹는다. 뱀은 또 어떤가. 밖에 낳아 놓은 달걀을 깨지도 않고 꿀꺽 삼켜 버린다.

무리를 지어 다니는 닭들 속에는 늠름한 장 닭 몇 마리가 항상 끼어 있다. 이들은 몸집이 크고 날렵한 데다가 머리에 선홍색의 큰 벼슬이 왕관 같고, 부리는 독수리다. 울긋불긋한 깃털과 길게 뻗은 꼬리털은 용맹스러운 전사다. 외적이 나타나 싸울 때는 마치 스파르타 군병 같다. 그러다가도 암탉과 사랑을 나눌 때는 원앙이 따로 없다.

닭들도 뙤약볕을 싫어하는가 보다. 여름철에 늘 나무나 담장 그늘에서 논다. 흙을 파서 흙으로 목욕을 한다. 그때 나는 강에서 미역을 감았다.

닭은 돌아다니며 놀다가 달걀을 낳기도 한다. 그럴 때마다 나는 자주 찾아다니며 달걀을 주워오곤 하였다.

나는 달걀찜을 좋아했다. 늘 할아버지 옆에 앉아서 밥을 먹었다. 할아버지 밥사발 옆에는 가마솥에 넣어서 찐 달걀찜 뚝배기가 놓인다. 할아버지는 큰 숟갈로 달걀찜을 한 술 푹 떠서 내 밥사발 위에 놓으셨다. 그럴 때는 기분이 좋았다.

삶은 달걀은 소풍이나 운동회 날의 단골 메뉴였다. 그 시절엔 이만한 별식도 없었지 싶다. 이러저러하여 달걀은 내 어린 시절의 잊을 수 없는 추억이다.

닭은 사람들에게 많은 도움을 준다. 그런데도 사람들은 닭에게 고맙다거나 감사하다고 생각하는 사람은 별로 없다.

만약, 정말 만약으로 하는 말이다. 닭이 자기 몸의 '아름다움'을 내세워 반려동물로 대우해 달라거나, 달걀을 착취하고 목을 비틀어 죽이는 것에 대하여 '동물복지권'을 주장한다면, 우리는 어떻게 할 것인가? 그러지 않는 닭에게 감사해야 할 것 같다.

이른 봄이었다. 새벽녘에 가물거리는 등잔불 밑에서 조반을 마친 아버지의 손이 분주했다. 소매치기가 들끓고 눈 없으면 코 베어 간다는 서울에 병아리 300수 살 돈을 가지고 간다. 아버지는 돈뭉치를 세 개로 나누어 두 개는 양쪽 발목 양말 속에 넣어 동여매고, 한 개는 내복 속 허리에 꽁꽁 묶어 찼다. 밖에는 은방 형이 기다리고 있었다.

어머니가 집 뒤 등성이까지 배웅 나갔다 돌아오셨다. 신평정류소에서 완행버스를 타고 합덕에서 직행버스로 갈아타고 서울 영등포까지 간 후, 다시 인천 가는 버스를 타고 소사까지 간다고 했다. 소사에는 신앙촌이 있는데 거기서 부화한 병아리가 가장 좋아서 멀리 가서 사 온다고 하셨다. 어머니는 해질 무렵부터 등성이를 오르락내리락하면서 신평정류소 쪽을 바라보며 마중 나갔지만 허사였다. 아버지와 은방 형이 병아리가 담긴 큰 상자 4개를 등에 지고 왔을 때는 밤 11시경이었다. 간신히 막차를 탔다고 한다.

어머니는 미리 삶아 놓은 달걀을 깨서 흰자를 빼고 노른자만을 골라 잘게 부수었다. 아버지는 방바닥에 신문지를 깔고 노란 병아리를 정성스레 꺼내 놓았는데, 나도 옆에서 거들었다. 병아리들이 몸 가누기가 버거운 듯이 비실비실한다..

노른자 가루를 바닥에 뿌려 주었다. 병아리들이 삐악거리며 쪼아 먹고는 금세 활력을 찾는다. 잠시 후 등잔불을 꺼주었다. 병아리들이 곤히 잠들고 조용해졌다. 이렇게 하여 소사 병아리는 당진 닭이 되었다.

그날 이후, 우리 집 뜰에서 어미 닭이 앞서 걸어가고 병아리 떼가 졸졸 따라다니는 모습은 보이지 않았다. 그리고 병아리들은 큰 닭으로 자라 철망이 둘러쳐진 양계장 안에서 날마다 알을 낳았다.

양계장 2(족제비)

아버지는 그해 가을 내내 목재를 다듬으셨다. 기지시 목재소에서 사 온 대들보와 기둥, 지붕에 얹을 서까래 감이다. 우리 집 뒷산에 키 큰 참나무와 아까시나무가 많이 있지만, 소나무를 사 왔다. 집 짓는 데는 소나무만 한 것이 없기 때문이다.

참나무나 아카시아 같은 나무는 너무 딱딱해 못이 들어가지 않을뿐더러 다듬기가 어려워 건축에 좋지 않다. 그러나 소나무는 부드러워 다듬기 쉽고 못을 잘 받아 다루기 쉬운 데다가 송진을 머금고 있어 잘 썩지 않는다.

아버지는 날마다 도끼로 대들보와 기둥감을 다듬었다. 그러는 동안 나도 낫으로 길고 가는 서까래 껍질을 벗겼다. 껍질을 벗기면 송진이 나왔다. 다듬은 목재는 잘 마르게 공기 잘 통하는 곳에 쌓아 놓고 거적을 덮었다.

이듬해 봄, 아버지는 땅이 녹자마자 삼촌과 함께 집 뒷산에서 지게로 져서 흙을 파왔다. 그리고 흙에 볏짚을 잘게 썰어 섞고 물을 부어 반죽을 만든 다음, 나무틀에 버무려 넣어 흙벽돌을 찍었다. 마당에 벽돌을 줄 맞추어 늘어놓은 모양이 마치 멍석에 널어놓은 메줏덩어리 같았다. 다 마른 벽돌은 목재와 같이 차곡차곡 쌓고 비를 맞지 않게 거적을 덮어 두었다.

6월이 되자 양계장 짓는 일에 마을 사람들이 모였다. 집을 지으려면 가장 먼저 터다지기를 한다. 밑바닥이 편편한 큰 돌을 밧줄로 묶어 줄 네 개를 늘리고 힘센 장정이 줄을 잡는다. 그리고 장단을 맞추며 돌을 높이 들어 올렸다가 '쿵' 하고 떨어뜨린다.

이때 4인 1조의 다지기 꾼들은 혼연일체가 돼야 한다. 만약 한 사람이라도 균형을 맞추지 못하면 기울어져 크게 다칠 수 있기 때문이다. 두 사람이 '어허기' 추임새 하면, '영~차'로 받는다.

"어허기 영~차! 어허기 영~차!, 어허기 영~차! 어허기 영~차!"

나는 신이 나서 막걸리와 안주 심부름을 하였다. 터다지기가 끝나자 네 귀퉁이에 말뚝을 박고 줄을 띄운 다음, 칸마다 기둥을 세우고 벽돌을 쌓는다. 다음엔 대들보를 걸고 서까래를 놓고 이엉을 올렸다. 그리고 바깥쪽에 사각철망을 둘러치고 닭 운동장을 만들었다. 어른들은 큰 닭 300마리는 충분히 기를 수 있다고 하였다.

아버지와 나는 사랑방에서 기르던 큰 병아리를 양계장으로 옮겨 주었다. 비좁은 방에 자라던 닭들이 넓은 집으로 옮겨서 그런지 활기차다. 횃대에 날아 올라갔다가 내려오기도 하고, 모이를 먹다가 물을 먹기도 한다. 물을 한 모금 먹고 하늘을 보는 모습이 예쁘다.

닭이 만약 말을 할 줄 안다면, 왜 사람들은 닭을 가두어 기르려 하냐고 말할 것 같다. 그러면 사람은 너희를 보호하려고 그런다고 할 것이리라.

이 닭들은 가을이 되면 알을 낳기 시작한다. 알이 많이 나면 아버지가 돈을 많이 벌고, 내년에 내가 중학교에 갈 때 멋있는 교복과 책가방을 사 주시겠지?

어서 빨리 달걀을 낳았으면 좋겠다. 많이.

내가 아침 일찍 일어나 닭에게 모이와 물을 주고 있는데, 울타리 밖에는 황토색 족제비가 맴돌고 있었다.

이종필

유산 외 1편

봄의 기운이 양지쪽 담장 밑에서부터 시작되고 있다.

아파트를 짓고 남은 자투리 땅에 부지런한 사람들이 채소를 가꾸었는지 지난해 묵은 고춧대며 널부러진 배추며 가을에 심은 듯한 양파도 한 귀퉁이에 자리 잡고 있다.

내가 사는 농촌이야 꽤 넓은 밭들도 일손이 모자라 묵히는 곳이 많지만 읍내에만 해도 이런 모습들을 종 종 본다.

어떤 마음일까? 비록 내 땅은 아니지만 그곳에 직접 씨를 뿌리고 모종을 가꾸며 그 작물이 자라는 것을 바라보며 즐거움도 느낄 것이다.

그런데 주변을 둘러보면 폐비닐과 스티로폼 박스, 공병들이 어지럽게 버려져 있어서 안타깝다.

잘 가꾸어진 밭이나 풀을 말끔히 깍아 놓은 논두렁 밭두렁을 보면 어느 멋진 정원이 부럽지 않을 정도로 아름답다.

그렇다면 아름답다는 것은 무엇일까?

저마다 있어야 할 위치에 놓여 있는 게 아닐까!

곡식이 자라야 할 곳엔 곡식이 자라고 잡초는 논밭이 아닌 들판에서 자라며 학생은 학교에서 직장인은 직장에서 운동선수는 그라운드에서 최선을 다할 때 아름다울 것이다.

때로는 사람의 얼굴까지도 이목구비가 알맞게 배치되어있을 때 멋있다고 하지 않는가!

요즘 환경이 파괴되었다고 아우성이다.

하지만 아직까지도 세상은 충분히 아름답다.

냇가에 물오른 버들강아지가 그렇고, 개여울 얼음장 밑으로 흐르는 물소리가 그렇다. 산기슭에 수북이 쌓여있는 낙엽이 그렇고 길섶에 피어있는 갈대가 또한 그렇다. 떼 지어 날아다니는 참새떼가 그렇고 때론 얄밉기도 하지만 놀라 달아나는 고라니도 그렇다.

이웃들을 향한 훈훈한 인정은 또 어떤가!

어쩌면 진보와 보수의 정치적인 대립마져도 서로 조금씩 양보만 한다면 아름다울 수 있지 않을까? 어차피 모두의 궁극적인 목표는 잘사는 나라의 건설이 아니겠는가!

너무 순진한 생각일까?

나이가 들다 보니 점점 소심해지고 새로운 것에 대한 시도 보다는 염려가 앞장선다.

여러 가지 일을 경험하며 살다 보니 어느 정도의 과오는 살면서 있을 수 있는 일이라고 용납하고자 한다. 그러나 결코, 다시는 겪고 싶지 않은 것이 있다면 가난했던 시절의 과거와 전쟁의 아픔들이다. 또한 젊은 층들과의 대립은 아무런 유익이 없는 줄도 안다. 그것은 이미 노년층의 사고에는 많은 고정관념들이 있을 것이고 새로운 시대의 흐름과 요구에 민첩하게 대응하기 어렵기 때문일 것이다. 육칠십대의 우리는 일 이십 년 후면 올바른 사고를 유지하기 어려울 수도 있고 또 그렇게 역사의 뒤편으로 사라질 것이다. 그러나 결코, 간과해서는 안 될 것이 있다. 수많은 경험에서 나오는 너무도 일반적이고 보편적이지만 내공이 쌓인 생각들! 그것은 하루 이틀이 아닌, 일 이년이 아닌 평생을 통해 얻은 보배로운 생각들 말이다.

젊은이들은 선인의 올바른 지혜는 수용하면서 세상을 책임지고 이끌어 나가야 할 것이다.

이따금 후손들에게 조금이라도 더 남겨주고 싶은 부모들의 마음이 정치에 미련을 갖게한다.

잘하겠지! 기성세대보다 많이 배우고 첨단 미디어를 통해서 많은 정보를 접하니 그것들을 통해서 형평성 있는 사고를 가지고 말이다.

정치는 시험적으로 해보는 것이 아니라는 누군가의 말이 생각난다.

이 땅의 젊은이들이여, 건전한 사고 의식과 지혜로 파이팅 하라!

미세먼지

스마트 폰 앱을 열어 미세먼지 예보를 알아보니 어제에 이어 오늘도 "매우 나쁨" 이다.

나쁨도 아니고 매우 나쁨이니 들에 나가야 하나 망설여진다. 망설여진다는 얘기는 그만큼 덜 바쁘다는 얘기리라.

농번기 바쁜 철이면 예보에는 아예 신경을 쓸 수조차 없다. 농사에는 철이 있는데 비 온다고 못하고 공기 안 좋다고 못하면 시기를 놓쳐서 일을 망치기 때문이다. 선택의 여지가 없다.

마스크를 써도 미세먼지가 걸러지지 않는다고도 하지만, 마스크를 쓰고는 할 수 없는 일들도 있다. 많은 힘을 요구하는 일들은 그냥 해도 숨이 찬데 마스크를 쓰면 덥고 답답해서 할 수가 없다. 언제쯤 이런 문제가 해결되어 맑고 깨끗한 환경에서 살 수 있을까!

아직은 그리 바쁘지 않은 계절이라 들에 사람들이 보이지 않지만 곧 농사철이 되면 여기저기에서 사람들이 무리지어 일을 할 것이다. 일정을 잡아서 세운 계획들이 미세먼지 때문에 연기할 수도 없는데 그 어떤 대책도 마련할 수 없으니 안타까운 노릇이다.

원인이야 여러 가지가 있겠지만 어찌 되었든 문명의 발달과 산업화에 따른 대가일 것이다.

그중에 화석 연료로부터 나오는 연기와 자동차 배기가스, 타이어 마모로 인한 분진 등 이 커다란 비중을 차지하는데 그렇다고 옛날에 그랬듯이 수십

리를 승용차 놓고 걸어 다닐 수도 없고 전깃불 끄고 어둡고 추운 곳에서 살 수도 없는 노릇이다.

북극의 빙산이 서서히 녹아내리듯 우리의 건강도 서서히 병들어가고 있을 것이다.

당장, 순식간에 바뀌는 것은 별로 없다. 이렇게 되기까지도 오랜 세월이 흘렀을 것이다. 그러니 치료의 시간은 더 길어질 것이고 어쩌면 불가능할지도 모른다.

그렇다고 손 놓고 속절없이 녹아내리는 빙산을 바라보고만 있다가 우리도 물속으로 가라앉을 것인가!

대형 마트에서는 비닐봉투를 사용할 수 없게 하는 등 정부에서도 대책을 마련하기 위해 많은 고심을 하고 있는 줄 안다.

우리 집에도 일주일이면 비닐 포장재들이 커다란 쓰레기통으로 하나씩 쌓인다. 이 비닐과 프라스틱 용기는 만들때에도 공해가 발생하고 처리할 때도 문제가 생기니 이를 막을 방법은 언제 나올 것인가!

우리의 아들, 딸, 손자 손녀들은 좀 더 나은 환경에서 살기를 바라며 조금 불편하더라도 대책이 나오면 적극적으로 참여해야겠다.

궁 외 1편

덕수궁 뜰 안에 피어오르는 짙은 가을이 자욱이 내려앉았다.

임금들이 거주하시던 궁이라서 그런지 세파에 시달림 없는듯하다

나무의 이파리마다 변하지 않은 수채화 자연의 원색 물감이 그림처럼 뿌려져 있다. 아름드리나무들은 깊숙이 땅속으로 뿌리를 내려 형형각색으로 단장을 하고 자연의 품속에서 사람의 눈길로 총애의 눈길이 가득하다.

편안한 그 품속에 잠시라도 안겨보고 싶다.

본질의 삶을 지향하고 깨어있는 삶을 살리고 소로의 일상생활을 흉내라도 내보았으면 하는 생각을 마음에 품었다.

단풍이 드는 것도 자연이요, 나뭇잎이 본래의 모습으로 돌아가려는 작은 몸짓도 자연이다.

봄과 여름이 지나 엽록소가 햇볕과 어우러지면서 나뭇잎은 푸른빛으로 자신의 자연 모습을 펼친다.

변화의 가을이 되면 낮아지는 저 기온 때문에 엽록소가 분회 되어 소멸한다.

자신만의 간직한 색소를 따라 원래의 색 자기의 모습으로 변해간다.

인간 또한 제 각자의 개성과 자질향상을 가득히 품고 세상에 태어나

지만, 인간 속 삶의 풍파에 시달리면서 허울에 쌓여 자기 모습을 서서히 잃어가며 살다가 나이가 들어 지혜가 쌓이면서 서서히 본성을 되찾는 것이 인간의 삶이요, 우리네 인생이다.

본에 자연의 모습과 삶 속에서 겪고 있는 인간의 삶은 형제와도 갔다.

인간의 삶과 자연의 삶은 일치한다.

그래서 형제와 같다.

봄을 지나 여름 가을이 오면 거부할 수 없는 세월의 흐름에 순응하려고 무던히도 애를 쓰며 본 레의 순진했던 자기 모습을 찾으려고 여기저기 자연의 숲을 기웃기웃해본다.

마치 한량인 나그네처럼….

덕수궁의 일제 침탈의 역사를 한 몸에 안고 영육의 시대를 거처 지나온 민족의 얼과 한이 서린 터 덕수궁이다.

고종이 대한제국을 세우고 나라를 일으키려고 했지만, 개화와 보수들이 서로의 갈등으로 국력이 소모되고 마침내는 일제 탄압으로 왕건이 시들고 조선의 해는 저물었다.

선조와 광해군에 이어 고종이 말년을 보내면서 덕수궁 궁궐의 이용을 갖추고 난 후 일제 강점기 동안에 수만은 고초를 겪었다.

고종의 침실과 영빈관 역할을 하던 석조전은 주인 없는 건물이 되었고 궁궐이 관광지 맞불로 바뀌면서 전각들은 허물어지고 석조전 앞뜰에는 분수대가 조성되고 말았다. 서울광장 대로변으로 이어져가는 덕수궁길은 나를 한없이 꾀한다. 봄이 오면 산수유꽃이 부르고 여름은 분수대가 부르고 가을에는 단풍이 맑고 밝게 물들이면서 내 혼을 끌어당긴다.

나라의 힘을 키우고 부흥을 꿈꾸던 시대의 사명을 일깨워주려는 높은 뜻이 있다는 것을 지혜로 안내해 주는지도 모른다.

하지만 궁궐의 뜰이 아무리 웅장하게 화려하다 해도 내가 공 드려 쌓아 올린 내 마음의 궁전 궁터에서 내 가족과 어우러져 자연의 미래 새싹들과 입맞추며. 다툼 없는 짙은 삶에 꽃 향수 뿌려 담장 넘어서 피어나는 웃음 꽃 피는 것만 하리. 가을이 되면 나뭇잎이 자신들의 본 레의 모습을 찾아가는 것처럼 궁은 나의 몸과 마음가짐을 새롭게 하라는 예시일 수도 있다.

순간 햇빛으로 광채를 들어내는 석조전 지붕 아래 자두꽃 모양으로 새겨진 문양이 내 눈과 마음을 집중시켰다.

미술관 돌계단 옆에 서 있는 자두나무의 잎사귀들이 잉크를 하고 손짓하며 나를 유혹했다 단풍으로 물들지 안으려고 푸른 갈색으로 모체인 자두나무를 감싸 안고 잎새는 한들한들 춤사위를 벌인다.

아마도 늙는 그것보다는 청춘의 기세로 남고 싶은 모양이다.

강화도에 있는 궁지로 마음과 발길을 돌려 떠나왔다.

1232년부터 1270년까지 고려였으며 고종을 비롯한 왕들이 거주했던 황궁이다. 조선시대 인조 시절에. 강화유수부에 황궁을 지어놓고 조선궁 전지로 사용했던 황궁 옛터에 와보니 백범 김구 이동휘 선생님들을 비롯한 독립운동 투사들에 애국의 삶이 녹녹히 숨어 있다.

역사의 짙은 향기를 품었다.

황궁 옛터를 보면서 궁지는 말이 없지만 700년이 넘도록 그 한 자리에 서서 온갖 풍파의 고난을 지켜본 은행나무의 아픈 사연을 뉜들 알아주리.

궁궐이 궁지란 이름으로 남은 고통에 역사의 비밀을-

역사의 혼 품는다

강화는 꺾을 수 없는 역사의 꽃 "혼이 맥박치며 돌고 있는 곳"이다.

역사의 혼을 품은 강화가 자랑스럽다.

서울에서 차로 두 시간 정도 떨어져 있는 강화는 섬의. 숨 쉬는 소리 아련히 들리는 듯하다.

노을빛을 머금은 낙조 하늘과 바다가 맞닿은 장관은 혼자 보기엔 너무나 큰 아쉬움을 남긴다. 다리를 건너 그곳 목적지에 도착하면 눈앞에 펼쳐져 있는 아름다운 전원의 강과 섬 산야의 황홀경에 혼을 빼앗기게 된다.

고려시대(10~14세기)에 구축된 성城과 수많은 역사적 유산이 남아있는 강화도의 섬 전체가 박물관 느낌이 난다.

곳곳에서 보이는 청동기시대에 만들어진 고인돌은 세계 유산에도 등재돼 있는 소중하고 자랑스러운 우리의 보물이다.

기막힌 역사의 혼은 곡곡 곳곳에서 인맥을 타고 살아 숨 쉬며 돌고 있다.

수도권에서 가깝고 관광지로도 유명한 곳 강화도와 교동도. 석모도. 글 합친 3개 섬으로 구성된 강화의 섬 전체는 매력이 넘쳐나 그 간절함의 깊이는 본적 없이는 아무도 말할 수 없다.

이남과 이북의 강이 함께 모여 흐르는 바닷가 길을 거닐다 보면 섬을 둘러싼 돈대는 조선시대 왜란과 호란 이후 유사시 왕실과 조정이 피난하여 위기를 극복할 수 있던 보장초. 강화다.

병자호란 때 조선이 청나라에 항복하면서 내륙으로부터 강화의 방어를 위한 군사시설이 조선 효종 숙종 때에 걸쳐 5진 7보 53 돈대가 (1782 외규장각 설치) 구축되었다는. 이 길을 14시간 거닐며 한편의 장편영화를 보는 듯이 펼쳐본다. 가슴 아려오는 서글픔에 눈시울이 뜨거워. 소리 없이 흘러내리는 눈물과 땀은 혼합되어 입에 머금었다.

외적 국가의 충돌(전쟁 싸움)에 대비할 수 있었던 돈대의 역사를 만나보니 심장. 맥박은 거세게 뛰며 마음 아파 아려오는 아픔은 알알이 쌓인 모래알과도 같다. 몽골과의 항쟁에서부터 조선조 말 병인양요 신미양요에 이르는 민족의 자긍심과 자존심으로 국난에 극복의 의지를 서리서리 담아 품어 안고 있는 강화도의 전적지를 샅샅이 볼 수 있는 호국의 돈대로 가는 길을 찾아갔다.

국가의 안전을 지켜 주던 소중한 터전이자 외국의 문화가 바닷길을 통해 육지로 들어오고 나가던 관문이 강화도다.

위대한 역사의 혼을 품어 앉고 있는 강화도에 와 살고 있는 나 또한 양어깨에 범 날개를 단 듯한 마음에. 강화터미널에서 새벽 6시에 출발하여 열네(14) 시간 돈대 길을 샅샅이 거닐어 부족할지라도 한 소제에 글을 써 간다.

그 돈대 길을 들어서 보면 너무나 절실해서 가슴으로 울어보지 않은 사람은 모른다. 그 간절함의 깊이를, 그 시대의 국난에 억울하게도 혼잡한 시대의 사연을 절실한 실화를 현실로 겪어 내면서 서글프게 울어보지 않은 사람은 모를 것이다. 그 시대 그 순간의 무서워 두려웠던 심정의 그 전쟁의 발걸음에 자취를 걸어보지 않은 현시대 우리네들은 모른다,

1259년(고종 46)에 고려와 몽골이 화친조약을 맺을 무렵에 몽골은 제 일순위로 강화도의 (궁궐) 성을 공략하여 수차로 부수고 또 부수게 하였을 때. 고려의 병사들은 동원되어 소리 내 울지 못하고 내리는 가랑비처럼 눈물을 흘

려가며 성곽을 허물어야 했다는 입 설문에 가슴 아프게 떠돈다.

고려궁지 강화의 성곽은 몽골군에게는 무척이나 부담스러운 시설이었나 보다.

몽골군이 고려 전역을 휩쓸었어도, 산성 전투에서는 무척이나 고전 한 듯 한 느낌에 잠시나마 마음에 위안이 넘친다. 국가의 마지막 자존심 그 마음의 무게는 건들지 않아도 깨어 질듯 한 유리그릇처럼 바람이 불어 날아가 버릴 것 같은 위태로움에서 마지막 국가의 자존심이며 자신의 자존심 이기도 한 사연의 역사 들을, 나라를 지키기 위해 오장육부가 타들어 가는 울분의 가슴으로 울어보지 않은 사람은 모를 것이다. 얼마나 그 속이 쓰리고 아려 아 파왔는지는 아무도 모를 것이다. 뛰는 심장의 아픔을 견뎌내며 절실하게 가슴으로 울어보지 않은 사람은 그 또한 모른다. 궁궐은 몽골의 압박 속에서 봉쇄되었다 고려는 패망하여 항복한 것이다.

궁궐을 수없이 부숴버리고 궁지로 남았지만, 고려의 장기 항전에 몽골은 심 전이 초조해져 고려의 항복이 두려워서 국가 원수의 아들(원종)이 항복하려고 국가원수에게 갔었을 때 쿠빌라이는 버선발로 달여 나와 원종을 맞이한 것은 고려의 항복이 감사하기보다는 반대로 장기전 투쟁 고려가 두려워서 그런지도 모를 일이다.

강화도의 조정이 굳건하게 건재해서 고려가 살았다. 고려가 살아 남아있었기에 조선이 있었고 조선이 있었기에 지금 우리나라는 대한민국 코리아 이름으로 전 세계 아시안 게임에 진출하여 선수들이 수많은 금메달을 획득하여 화려한 금수강산 보배의 나라 대한민국을 쾌거의 웃음 꽃피는 비명의 소리를 내며 사는 것이다.

유명하게 소문난 고려산 속에 연개소문의 숨소리 맥박치는듯하다.

꽃 중의 꽃 오련 지, 연못의 이야기가 사람들의 입에서 무제한으로 떠돌고 있다, 진달래꽃으로 유명한 고려산 속 정수의 우물을 마시며 무예를 갈고 닦은 연개소문에 역사의 의를 품은 고려산 곡곡 곳곳의 봄. 축제는 어쩌면 산야에 잠든 충신들에 기림 그 혼을 담아서일까? 봄이면 아름다운 진달래꽃으로 럼을 기리는 듯이 축제가 열린다.

충신들은 목숨이 소중하고 아까웠지만 아까워한들 끝내 아낄 수 없었던 목숨과 육신은 산야山野의 자락에 깊숙이 묻힌 한 줌의 흙이 되었다.

흩어진 밤을 아침으로 돌려놓고 싶을 때도 부지기수였을 것이다.

백 년을 넘지 못하는 삶 그간의 일들은 한잠 속의 꿈이더라고 생각할 수밖에 없는듯하다. 국가는 수많은 시행착오와 개혁의 차질도 수없이 많이 지나간 듯. 고려와 조선이 준해있었던 한국의 나라를 지키기 위해 세운 호국 성지에 왕의 거센 바람이 올바로 굳게 살아 숨 쉬면서 강화의 꽃길을 걸을 수 있으면 한다.

진한 커피 향 속에서도 마음을 일렁이게 하는 역사는 흐른다.

역사는 누구의 곁을 떠나지 않고 확연하게 뚜렷이 마음속에 있는 하늘소가 해와 달덩이와도 같다.

배려의 씨앗과 겸손의 씨앗, 생명의 존엄과 존중의 씨앗을 맘껏 뿌리며 더불어 행복의 꽃 춤사위를 벌이면서 새싹들과 숨 쉬며 살아가는 강화의 세상이 되었으면 좋겠다 늦더위 속 하늘과 바람은 가을을 마중 나와 예쁜 소맷자락 한들거리고 춤사위를 벌이며 노래 부른다.

역사의 유산을 강화가 품었듯이 한 발짝 더 한 발씩 인류인 성의 꽃길을 앞

장서서 개선에 나갔으면 어떤가 한다,

강화도의 역대 충신들은 지우래야 지울 수 없는 국가의 명품, 세계의 명품의 의를 담은 충신들의 "혼, 꺾을 수가 없는 혼의 꽃" 그때의 자리를, 그 기억을 기리며 더더욱 빛나야 한다.

역사의 혼을 품은 강화가 바뀌면 세계가 바뀐다. 한국에 평화의 꽃비 내린다.

나라를 위해 피 뿌려 바친 투사 충신 임 들은 가셨도다.

평온의 들녘인 노을 고운 뜨락에 해와 달이 소진될지라도 또 다른 그곳의 기억 속에서도 "역사의 혼의 꽃"은 꺾을 수 없으리라.

인연 외 1편

성북동 언덕 위 좁고 오래된 계단 위로 오른다.

일흔일곱 개의 계단을 지르밟으면 심우장이 나온다.

심우장은 만해 한용운 스님의 생가터이자 대문을 열고 들어서면 사랑채 액자 속에서 위엄을 갖춘 스님의 모습에 구름도 멈추고 바람마저 숨죽인 듯하다.

내 나라. 이곳에서 태어나 어머님 품속 같은 고향이기에 애초부터 잃은 것이 없기에 침략자로부터 나라를 찾는 것조차 우습다고 하신 스님.

님의 침묵 속에 통곡하시듯 앞마당에는 계월향 홍단심 무궁화가 연이어 피어 있다.

나뭇가지마다 별빛처럼 흐르는데 심우장 스님은 간 곳 없고 그분의 님의 침묵만이 나를 각인 시킨다.

심우장을 나와 만해 스님과 인연이 깊은 안국동 조계사로 발길을 돌렸다.

1910년에 한용운과 이희광 스님에 의해 각황사로 명했고 후에 태고사에서 1954년에 일제의 잔재를 몰아내려는 불교 정화 운동 이후로 조계사라 명칭하고 지금껏 내려왔다는 그곳에서 7층 석탑 안에 부처님의 사리가 봉안되어 있어 탑돌이를 한다.

만해 스님의 전북 정읍에 있는 보천교의 집터 중 33칸을 떼어와 조계사를 세웠다고 하는데 그 당시 보천교 교주가 차경석이고 독립운동과 관계있다고 한다.

일상이 답답할 때나 가까운 이의 죽음 앞에서 한걸음에 달려갔던 조계사.

초를 켜고 향을 사르고 영혼 구원을 염원했던 이유가 바로 한용운 스님과의 인연 때문이었으리라.

청주 한씨 문정공파 자손인 남편과 살면서 갖은 풍파도 많았기에 저절로 눈살이 찌푸려지기 일쑤였잖은가.

에고! 원수 같은 남편! 운운하며 세월을 낚았는데 저절로 발길 따라 찾았던 조계사가 바로 스님의 차가네 조상 집을 정토로 만드셨으니 어찌 이런 우연이 있는지.

인연 속에 나라 사랑하는 이들의 피 끓는 절규로 인해 내가 원망도 할 수 있고 희로애락 누리면서 이 땅 위에 숨을 쉬고 있는 것조차 목숨 바쳐 나라 구한 순국열사의 희생에 의한 복일진대 은인자중해야 할 것 같다.

아! 만해 한용운 스님 감사합니다.

캔버스 위의 만상

해마다 부처님 오신 날에는 그림 한 점을 그린다.

그렇게 그린 그림을 그날 오신 인연으로 선물을 한다.

어떤 이해관계도 없이 생면부지라도 그림을 보시하면서 부처의 탄생을 기념하는 까닭에서인지.

하지만 이번만큼은 나를 위해 그려야 할 것 같아 캔버스 15호를 장만하고 그 위에 물감을 풀었다. 붓 대신 손가락으로 춤을 추기 시작하는 순간, 입에서 탄성이 절로 배어 나온다.

“아하! 부처께서 사시는 곳이 바로 이런 곳이군요. 이런 세상에서 살고 계셨군요.”라고 말했다. 캔버스는 온통 등불을 밝힌 듯 광명 그 자체이다.

참으로 신비롭다.

나는 아가가 된 듯 싱글벙글 웃으면서 캔버스 뒤에서 마음 가는 대로 손가락을 움직였다. 그렇게 하길 얼마쯤 되었을까. 캔버스 위에는 좌불이 나를 보고 웃고 계신 듯하다.

어느새 좌불이 자리 잡았고 기쁨이 충만한 것이 환희로웠다. 범접할 수 없는 빛 속에 어우러져 있는 듯한 착각마저 일었다.

정신을 차리고서 좌불이 각인된 캔버스를 손가락 끝으로 가만히 더듬었더니 불현듯 ‘색즉시공 공즉시색’을 읊조리게 되는 게 아닌가. 있으되 없음이요. 있음이 없음인 것을 예전에는 물질에 대한 욕심을 버리고 중용으로 가라는 뜻으로 해석했었다.

이거야말로 모든 세상의 이치가 나로서 비롯됨을 이제야 깨우치다니 내가 있음에 있음이고 없음에 없음이기에 나의 삶에서 일어나는 것임을. 중용조차도 시작과 끝이 나로 인함을 안 것이리라.

나는 마음이 들떠서 이 깨우침을 도반인 ㄱ시인에게 알렸고 좌불 그름을 스마트 폰에 담아 카톡으로 보내드렸다.

하지만 도반에게 보내자마자 후회를 하게 되었다.

'아뿔싸!' 그런 행위마저도 마음의 찌꺼기가 있어서임을 말이다. 바로 부처께서는 어떤 형체나 형상이 아닌 내 안에 있음일진대 내게 보여진 신비로운 경험일지라도 초연하지 못했음을 반성하게 되었으니 부족의 소치임을 알게 되었다.

그길로 좌불 그림을 소각했다.

좌불을 소각한 다음 날 아침.

사무실 앞 도보에서 신기한 일이 생겨났다.

나의 오른손 엄지에 나비가 앉아 날아갈 기미조차 보이질 않는다. 어깨에 둘러멘 가방 속에서 스마트 폰을 꺼내 왼손으로 카메라를 켜서 오른손에 앉은 나비를 찍을 때까지도 그대로 앉아 있었다. 조금씩 움직이면서 엄지 끝으로 가더니 옆으로 옮겨가면서 중지에 날개를 펴고 콕콕 쪼아댄다. 긴 대롱으로 마치 꽃 속의 꿀을 빨 듯이 한참을 그렇게 두들겨 댔다. 그러더니 내 손끝을 떠나 자동차 범퍼 위로 날아가 앉는 나비는 영혼을 상징하면서 부활을 나타낸다는데 부처께서 오신 것인지. 지금도 그때의 그 광경을 떠올리면 불가사의한 경험이기에 꿈을 꾸는 것 같잖은가.

경각심과 대처능력 외 1편

2023년 5월의 마지막 날!

피날레를 장식이라도 하듯 이른 아침의 서울특별시 경계경보발령의 오 발령 건에 대해서 나는 몹시 유감스럽다 아니 정말 황당하고 몹시 화가 난다 이런 경우에 우리 모두는 심각하게 생각을 하지 않으면 안 될 일인 듯하다.

물론 모든 세상살이는 사람의 일이고 신이 아니기에 언제라도 시행착오와 오류도 범할 수 있겠다. 그러나 꼭 그렇게만 일축시키기에는 이로 인해 벌어진 일들이 세세히 드러나지 않는다고 해도 어느 한 쪽구석에서는 돌이키기 힘든 일들이 야기됨과 동시에 너무도 많은 대가를 치를 수 도 있다는 것을 간과해서는 안 된다는 생각이다.

해마다 "5월 31일" 이 날은 우리가족으로서는 특별한 날이다. 이 날은 특히 나의 큰 딸이 결혼식을 올린 기념의 날이기도 해서 식구들이랑 저녁외식을 한 후에도 딸의 가족 모두는 가까운 친정엄마의 집인 나의 집에 들러서 온 식구들이 음료를 마시며 의미 있는 날을 자축하며 화기애애한 시간을 보내는 중 이었다.

큰 딸은 결혼 후 아들 셋을 낳았고 그중 막둥이 아들은 올해 초등1학년생이 되었다.

그런데 세 명의 아들 들은 저마다 성향들이 달라도 어찌 그리 다른지 신기할 정도다.

특히 세 번째 아들인 나의 손자는 희한하다 싶을 정도로 어휘력이 뛰어난데다가 나이에 비해서 아는 것이 많고 운동신경이 어찌나 뛰어난지 중학을 다니는 형들과 함께 축구장을 누비곤 한다 그러고도 어떤 면에서는 의외의 상황으로 모두를 황당하게 만들기도 하는 등 한마디로 극과 극을 달린다고 해야 할까.

이날 아침에도 평소처럼 마을주변에는 조깅하는 사람들의 모습들이 보이고 평온하던 아파트마을에 예상치 못한 경계경보 발령이 발표되자 주민들의 놀라움은 물론이고 단지 내 관리실에서는 곧바로 확성기를 통해서 이 상황을 알렸다고 한다 "단지 내 여러분은 경계경보발령에 서둘러 대피준비를 하되 노약자와 어린아이들을 먼저 서둘러 피하라"는 우렁찬 큰 소리가 나자마자 유난히도 눈치 빠르고 영리한 막둥이는 얼마나 무섭고 놀랐는지 정신없이 옷을 갈아입더니 신발을 순간적으로 신고 현관으로 뛰어가 서 부동자세로 서있는 등 너무나도 당황스런 일이 순간적으로 벌어졌다고 한다.

어린마음에 나름 온종일 무서움에 시달렸는지 얼굴에는 수심이 가득 찬 모습 이었고 평소와 같지 않은 모습이었다. 이 날은 다른 날 보다 일찍 출근을 했기에 낮 동안에 어떤 일이 벌어졌는지 몰랐던 나는 그렇잖아도 의아해 하던 참 이었다.

아니나 다를까. 식구들이 모여서 한참을 화기애애한 분위기중에, 막둥이 녀석이 순간적으로 벌떡 일어나더니 아침에 경계경보 발령소리가 너무나 무서워 생각을 떨칠 수가 없다면서 눈을 꼭 감은 채 아이답지 않은 어휘를 써가며 갑자기 오열하듯 제 엄마 품에 파고들어 안기며 울먹이기 시작했다. 이 졸지의 상황에 식구들은 당황하기 시작했고 어찌할 바를 모르는 상황이 벌어졌다 북한에서 또 미사엘을 쏘면 어떻게 되냐 우리는 죽을 수밖에 없냐며 얼굴이 벌개지고 동동 발을 구르니 모두들 걱정이 되어 아무리 미사엘을 쏴도 남한에서는 언제라도 막을 수 있으며 대응할 태세가 되어있다는 둥 생각할 틈도 없이 아이를 안정시키는데 모두가 열을 올리게 되었고 그러면서도 내심 이런 엄청난 말을 거르지 않고 횡설수설해도 되나 싶으면서도 아이가 묻는 말에 모두가 전전긍긍하게 되었고 모두는 아이가 이렇게까지 놀라는 상황에 대해서 의아해할 정도였다.

하긴 나 자신도 막둥이처럼 어릴 때는 죽음에 대해 자주 공포감에 사로잡힌 기억이 있다. 사위인 막둥이네 아빠도 역시 어릴 때 에는 죽음에 대해 한동안 무서움을 금치 못했다고 하며 아마도 이 나이 때가 대부분이 그런가보다 라며 굳이 아무렇지 않은 일인 듯 막둥이에게 유도하기도 하고 맛난 치킨과 음료를 권하며 생각을 바꾸도록 한 덕분에 울음을 그치는듯하니 모두들 가슴을 쓸어내리게 되었다.

그러면서도 우리 모두는 내심 걱정이 되어 안절부절 하게 되었다. 하긴 최근 몇 년 동안의 되어지는 예상 밖의 상황을 봐도 코로나19와의 싸움과 지구온난화로 되어 질 조짐의 이상변화가 차츰 가까워지는 느낌내지는 이런 모든 것들이 다름 아닌 우리아이들이 감내하고 겪어 내야만하는 일로써 다가올 미래의 세상이 어떻게 펼쳐질지 심히 걱정이다. 그동안에 우리 모두는 크고 작은 자질부레한 일들을 많이 겪고 살았다 특히 남북한이 둘로 나뉘어져 늘 긴장 속에서 살다가 설마설마 하면서도 이제는 안전 불감증에 걸린 듯이 살아가기에 어쩌면 그 불감증도 오히려 다행인 듯 살고 있으니 말이다. 그러나 자라나는 우리아이들은 처음 겪는 일이기에 놀라움을 금치 못함은 당연한 일이리라. 우리 모두의 아이들은 오로지 아름다운 생각과 올바른 마음을 가지고 미래를 꿈꾸고 자라야 함에도 다가올 미래의 불투명성에 정말 가슴이 아프다.

제발 우리 모두는 은연중이라도 쉽게 생각을 하지 말고 자라나는 아이들이 가슴에 멍이 들지 않도록 심사숙고하고 모든 일을 신중하게 결정하기를 정부 당국은 물론 다 같이 긴장해야 할 것이고 아이들에게도 앞으로 되어 질 예견된 일들을 조심스럽게 이해시키며 알려서 만반의 대비태세를 갖춰나가야 된다는 생각이다. 그리하여 올바르고 단단한 면역력을 키울 수 있는 교육이 시급한 때임을 교육기관은 물론이고 각계각층에 알려서 서로서로 일깨워야 한다는 간절한 바램이다.

이 나라가 아니, 아름답고 풍요로운 우리 대한민국이 지금처럼 잘 사는 나라로 만들어지기까지는 얼마나 많은 이들의 수고와 각고의 노력으로 이뤄낸 삶의 터전이런가.

이제는 우리의 미래를 가꿔나갈 사랑하는 우리 후대들을 위하여 끊임없는 기도와 노력이 절실한 때임을 잊어서는 안 되겠다는 굳건한 생각을 해본다.

아름다운 삶을 위하여

사람이 살다보면 상식적이지 않는 일이 왕왕 일어나기도 하고 또 세상에 이런 일이 있나 하며 믿기지 않는 일이 일어나기도 한다. 그것은 지금까지 살아온 햇수가 늘어나면 늘어날수록 삶이 우리를 평탄한 길로 가기를 놔주지 않기 때문이란 생각이 들고 끝없는 시행착오와 갈등 속에서 터득도하고 다시 바로 잡기도하여 살아가는 날들이 많아지면서 이런저런 경험과 경륜이 쌓여 가노라면 마침내 인생을 논할 수 있게 되고 먼저 된 사람으로서 나중 사람에게 훈계도 하고 가르침의 선봉이 되기도 하는 것이리라. 그래서 대부분의 나이 드신 어른들을 보면 자애롭고 사랑과 너그러움이 물씬 풍기며 보는 이로 하여금 여유로움과 평안함을 느끼게 하는 것이 아닌가 싶다.

나 자신도 어찌어찌 바쁘게 살다보니 벌써 내 나이를 생각하면 새삼스럽게 놀랍고 또 믿기지가 않고 서글프게 생각될 때가 많으나 그래도 인정을 해야 된다는 생각을 하며 받아들이려 노력을 하는 중이다. 어른들의 말에 의하면 예전에는 그런 것을 몰랐는데 나이가 들고 보니 어느 날 부터인가 자식들의 말 한마디가 작고 사소한 일에도 섭섭하고 슬퍼지기도 하여 언제까지 가슴에 응어리가 남는다고 말한다. 그나마도 나는 아직 그 때는 아닌 것 같다.

딸아이 둘을 다 결혼을 시키고 손자가 다섯이 되었지만 아직도 내가 할머니라는 말이 자연스럽지 않은 것은 아마도 아직은 젊음이 남아있다는 것이 아닐까 하며 스스로 위로도 해 본다.

우리는 한번 태어나서 반드시 생을 마무리 한다는 것은 어느 누구나 알고 있는 사실이다. 단지 별로 체감을 못 느끼고 살기에 당연한데도 나와는 무관하다는 무의식 속에서 사는 듯하다. 그런데 오히려 내가 어릴 적에는 어느 날 갑자기 죽는 문제로 인해 몹시도 두렵고 무서워서 걱정을 자주 했던 기억이 난다. 그럼에도 어느 순간부터는 잊고서 상황에 따라 쉴 사이 없이 이런저런 일로 마음을 쏟으며 주어진 일에 매진하다 보니 지금 이 시점까지 달려 온 것이다. 요즘은 선배나 친구들이 자주하는 말 "이제는 쉼이 필요한 것 같다"고 한다. 같은 생각이다. 이제는 쉬엄쉬엄 여유를 갖고 주변을 살필 때가 온 것 같다.

요즘은 예전에 나의 친정어머니께서 하신 일들을 살피는 중이다. 나의 어머니는 하늘나라로 가시기 몇 해 전부터 용돈이 생길 때마다 예쁜 복주머니를 챙기시고 평소에 정성껏 준비해 놓으신 선물(이불) 속 깊숙이 넣으시고는 어디론가 다녀오시곤 하는 것을 자주 보아온 터다. 예전에 어렵게 살면서 고마움을 주신 분들을 일일이 찾아가셔서 고마움을 전하신다는 것을 알고는 더욱 존경의 마음이 일곤 했다.

그런 어머니의 뒤를 이어 나도 한 걸음 한 걸음씩 주변을 살피고 골고루 편견 없이 많은 이들을 살필 때가 되어가는 것 같다.

모진 풍파를 헤쳐 나가다 보니 나름 대처능력과 지혜를 얻게 되고 면역도 차츰 생겨서 웬만해도 흔들리지 않는 뿌리 깊은 재목이 되어가고 있는 것이 아닌가 하여 한편으론 힘겹던 환경과 주어진 여건들에 대하여 고맙다는 생각까지 드는 중이다.

어느 시인이 말하기를 '삶은 그리 아름답지도 그리 슬프지도 않은 것' 이라고 하던가!

아니, 우리가 잘 아는 시인의 말이 또 생각이 난다.

'소풍 끝나는 날 이 세상이 아름다웠더라고 말하리라'는….

비록 살면서 어려운 일이 많았어도 잘 견뎌내기만 한다면 아름답게 승화되어 추억 거리가 많은 사람만이 진정한 행복을 누리는 특권이 부여 된다는 생각에는 변함이 없다. 오늘 비록 생을 마무리한다 해도 결코 후회를 하거나 아쉬울 것 없는 삶을 위해서 꾸준히 도전하고 전진할 것이다.

삶이란 누구나 딱 한 번 주어진 시한부 아닌가. 열심히 살아왔고 앞으로도 진정 나의 인생을 사랑하며 살아가리라. 존경하던 시어머님도 희생으로 사셨던 친정어머님도 지금은 하늘나라에서 편안한 삶을 살 것이고 나의 영원한 후원자인 남편도 건강하니 이 또한 나의 행복이 아닐까. 여리고 여렸던 두 딸도 각각 제 삶을 잘 개척해 나가고 있고 손자들도 씩씩하게 잘 크며 나에게 행복을 주고 있다.

미련도 후회도 없지만 주어진 그날 까지 최선을 다하며 결코 나태해 지진 않으리라.

계절은 돌고 또 돌아오지만 인생은 돌아오지 않을 것이고 주어진 시간은 한정되어 있기에 내가 원했던, 내가 하고 싶었던 일들도 찾아보리라. 돈으로 살 수 없는 시간이기에 '시간은 금 이다'라는 말을 새삼 되뇌어 본다. 시간만큼 소중한 것은 없고 내 삶의 여정이 곧 시간이기에 젊었을 때의 시간 보다 나이 든 지금의 시간이 더욱 귀중하다는 생각이 든다.

봄이 오면 파릇파릇 돋아나는 연초록 잎사귀가 꽃 보다 아름답다는 생각이 들 때가 있다. 계절을 느껴 보았기에 알 수 있는 것이고 계절을 따라 수 십 번의 봄을 맞았지만 계절을 모르고 바쁘게 살 때에는 연초록 잎이 꽃 보다 예쁘다는 걸 몰랐다.

느낌이라는 것… 경험이라는 것…

책 속에 길이 있다지만 삶은 생생한 현실이기에 직접적인 느낌과 경험으로 시를 쓰는지도 모른다. 누군가에게는 간접적으로라도 도움이 되는 유익함으로 남을 수 있으니까. 열심히 시도 쓰고 수필도 쓰리라. 내 시간의 종점에서 내가 가져 갈 수 있는 것은 추억과 경험과 많은 이들의 사랑이고 내가 남겨 놓을 수 있는 건 꼭 문학의 이름이 아니더라도 소소한 수필과 시일 테니까….

'남겨진 아름다운 나의 삶을 위하여 브라보!'

評論

이정미

장편소설에 나타나는 수필적 내용과 구성

- 신경숙, 『엄마를 부탁해』를 중심으로-

1. 수필의 발상과 소설 속 이야기와의 차이

현재까지 일상적 표현이나 광고문에서까지 '~를 부탁해' 증후군을 불러일으킨 신경숙의 장편소설 『엄마를 부탁해』는, 「창작과 비평」 2007년 겨울호부터 2008년 여름호까지 연재된 후 그해 11월 『창작과 비평사』에서 초판 발행되었다. 발표 당시부터 본격문학으로서 최고 판매 순위를 기록하며 국민 도서로 인식되었다. 부모와 자식 간의 애정은 지구상의 어느 민족에게든 순수하고 절절하게 정서를 자극하기에 이 소설은 친근한 반향을 불러일으키며 꾸준히 베스트셀러 대열에 올랐다. 미국, 이탈리아 등 무려 34 나라에 번역되었고, 전세계 250 곳 도서관으로 보내질 정도였다. 그 결과 신경숙은 2011년도에 한국의 대표 작가로 선정되었다. 베스트셀러가 된 이유는, 당대 사람들의 사고와 정서에 호소하면서 시대적 가치관을 잘 담고 있기 때문이다. 또한 독자들의 독서 욕구를 자극하는 출판계의 자본주의 질서가 들어있다는 것은 부인할 수 없는 사실이다.

소설 『엄마를 부탁해』의 핵심 내용은 엄마의 실종, 가족들의 추적, 엄마의 생애를 회상, 엄마의 영원한 실종 등이다. 이 소설의 내용과 마찬가지로 현실에서도 가족들이 부모의 실종을 확인하면 당연히 노심초사하며 찾아나서는 행위로 이어진다. 이런 종류의 사건은 수필에서도 자주 등장하기도 한다. 실지로 가족 실종 사건을 소재로 한 수필에

선 두 가지 내용으로 전개된다. 실종된 가족을 찾지 못해서 그 애달픈 정서를 그대로 담은 채 미해결 상태로 끝나는 작품이 있는가 하면, 실종된 가족을 찾게 된 과정을 스릴 있게 서술하며 해피 엔딩으로 끝나는 작품이 있다.

오길순의 수필 〈사모곡〉(출처: 수필집 『목동은 그 후 어찌 살았을까』, 범우사, 2001)이 후자에 해당한다. 그런데 『엄마를 부탁해』가 이 수필을 표절했다는 주장이 2015년도에 있었다.1) 주제, 모티브, 서사구조가 유사하다는 것이다. 〈사모곡〉에서 주인공 화자는 아버지께서 어머니와 함께 전주 단오제에서 꽃구경하는 도중 약간 치매가 있는 어머니를 잃어버렸다는 전화를 받는다. 교생실습 중인데도 어머니를 찾으려 경찰서, 부녀복지관, 서울의 부녀보호소, 시립병원 등을 뒤진다. 어느 날 학부모의 도움으로 그 남편이 전주 검찰청에서 행려병자를 관할한다는 정보를 접한다. 그래서 교생실습이 끝나자 남편과 전주로 내려간다. 눈에 띄는 노인이 모두 어머니로 보인다. 눈을 감으면 어머니의 환영만 나타난다. 서울에서 출발한 지 다섯 시간이 안 되어서, 드디어 전주의 부랑아 보호소에서 주방 아줌마의 도움으로 허접한 모습의 어머니를 13일만에 반갑게 해후했다. 주인공은 개선장군 심정으로 귀가한 후, 어머니의 나름 훌륭한 모습을 회상하고는 실종 기간 중 개구쟁이들에게 쫓겨 산속에서 지내신 일 등등을 돌이켜본다. 이후 그 어머니께선 3년 사시다가 돌아가셨다는 것으로 내용은 끝난다.

〈사모곡〉에서는 수필의 성격에 맞게 흥미 있는 개인 체험담을 현장성 있게 기술했다. 반면 『엄마를 부탁해』에서는 소설답게 많은 이야기를 화소로 해서 등장인물들이 각자의 위치에서 실종된 엄마의 고생스러웠던 삶을 회고하는 것으로 끝났다. 등장인물은 모두 엄마를 중심으로 모인 가족이고 가족 간의 이야기를 사건으로 나타냈기에, 『엄마를 부탁해』는 가족소설이다.

수필 〈사모곡〉과 『엄마를 부탁해』의 유사한 문장은 다음과 같다.

> "어머니를 잃은 지 열사흘 째, 교생지도를 마침과 동시에 전주행 고속버스에 올랐다."(〈사모곡〉, 『목동은 그 후 어찌 살았을까』, 117쪽)
> "엄마를 잃어버린 지 일주일째다."(『엄마를 부탁해』, 10쪽, 이하 출처 동일)
> "엄마를 잃어버린 지 열흘이 지나고 보름이 지나고 거의 한달이 다 되어가자 그와 그의 가족들은 다들 뇌 한 귀퉁이를 손상당한 사람들처럼 허둥지둥거렸다."(84쪽)
> "엄마를 잃어버린 지 구 개월째다."(256쪽)

이처럼 유사한 문장 구조가 있다고 무조건 표절로 인정해야 하는지 여부는 각자 생각하는 기준에 달려 있다. 수필에선 "어머니를 잃은 지 열사흘 째,"라는 문장이 단 한 번 나온다. 소설에선 그와 유사한 문장 구조가 세 번 나온다. 수필에 나온 "어머니를 잃은 지", 소설에 나온 "엄마를 잃어버린 지"라는 각 구절은 그 작가만이 특허를 낼 정도로 참신한 표현이라 할 수는 없다. '~한 지 며칠 째(~달, ~년)이다.'라는 국어 문장 구조는 문법 설명에서 흔한 예문으로 나오는 일상 화법이다. 사태의 심각성을 말하기 위해 어떤 행위를 어느 기간만큼 했는지 그 규모를 밝힐 때 으레 나오는 표현이다.

『엄마를 부탁해』는 "엄마를 잃어버린 지 일주일째"에서 내용은 시작되었고, "엄마를 잃어버린 지 구 개월째"에서 종결되었다. 서술하는 시간은 9개월이다. 그렇지만 소설에서 들려주는 사건의 시간은 엄마가 시집오기 전의 시절부터 자녀들의 성장 시절, 중년이 된 큰아들, 실종된 현재 시점까지 해서 무척 길다.

수필은 작가의 정직한 체험적 진실을 그대로 담고 있으며, 소설은 그 체험에 따른 진실을 바탕으로 허구를 생산한다. 그런 점에서 엄마의 실종이라는 같은 사건을 내용으로 삼았어도, 수필이 주는 정서적 효과와 소설이 주는 그

것은 다르기 마련이다. 수필의 소재를 가지고 소설로 쓴다 해도 수필과는 비교할 수 없을 정도로 서사성에 힘입어 구성과 표현에서는 차이가 있다.

소설이 수필처럼 생생한 체험담을 소재로 했어도 소설적 표현으로 다시 전달된다는 특성이 있기에 소설에선 그만큼 다양한 분위기, 시선, 정서로 재창조되기도 한다. 그렇지만 『엄마를 부탁해』의 내용은 수필의 발상과 유사하기에 세부적으로 수필다운 분위기를 지닌 내용과 문장, 구성을 간간이 발견할 수 있다. 이 글에서는 이런 점에 초점을 두어서 살펴보려고 한다.

2. 엄마의 부재로 인해 표출되는 엄마의 삶과 행복

실종된 엄마를 둘러싸고 사건을 전개하는 주체는 어디까지나 가족일 수밖에 없다. 소설 초반에서 자녀들이 어머니의 실종을 확인한 후 머리를 맞대며 어느 장소에 심인尋人 전단을 돌릴지 의논한다. 그러면서 서울역 지하철에서 엄마가 아버지 손을 놓쳐서 그만 실종된 사건을 두고서 다들 자녀로서 왜 진작 마중을 나가지 않았는지 서로 책임을 전가하다 보니 마음의 상처를 입게 된다. 누구는 엄마를 찾기만 하면 더 잘해드리겠다고 다짐하기도 한다. 그런데 이런 행위가 담긴 이야기들에는 충격적인 심적 고통이나 심각한 우울감은 거의 보이지 않는다. 엄마를 찾고자 하는 조급한 마음 상태보다는 엄마의 실종 사건이 모티브가 되어서 엄마의 과거 고생스러웠던 삶을 떠오르는 대로 회상하며 내용을 전개하는 것에 중점을 두기 때문이다.

> "한 인간에 대한 기억은 어디까지일까? 엄마에 대한 기억은?"(17쪽)
> "엄마의 실종은 그가 까마득히 잊어버린 줄 알았던 기억 속의 일들을 죄다 불러들였다."(120쪽)

이 문장대로 현모양처인 엄마의 생애를 자녀들과 아버지가 회상하는 것이 소설 전체 내용을 이룬다. 가족이란 공동체는 같이 살고 있을 때는 미처 깨닫지 못하지만 헤어지고 나서야 비로소 가족 간의 정을 깨닫는다는 사실을 의도적으로 나타내느라 설정한 구성이다.

3남 2녀 중, 정작 엄마를 찾아 나서는 자녀는 첫째 딸 지헌과 첫째 아들 형철이다. 지헌은 서울에서 학교를 나온 작가이다. 형철은 고향에서 내내 수재였는데, 고교졸업 후 5급공무원 시험에 합격했다. 서울 용산2동 동사무소에 근무하면서 야간대학 법대를 나왔는데, 중년이 되어선 건설회사 홍보부장이 되었다. 막내는 쇼핑몰을 운영한다. 둘째 딸 역시 수재였는데, 서울 소재 대학의 약대를 나왔다. 한때 운동권이었는데 엄마는 그런 딸의 입장을 두둔했다. 그녀는 약국을 경영하던 중 남편 따라 미국에서 잠시 살다가 귀국했고, 세 명의 자녀를 키운다. 언니 지헌에게 평생 고생하며 사셨던 엄마의 삶을 비판도 하면서 가족들이 엄마를 찾아줄 것을 애정으로 격려한다. 이들 남매는 모두 사회적으로 성공한 위치에 있다.

전단을 돌린 결과, 맨 처음 엄마가 역촌동 서부약국 앞에서 발견되었다는 제보를 접한다. 그곳으로 형철과 지헌이 찾아가는 장면에서는 스릴 있는 현장감은 그다지 찾아볼 수 없다. 역촌동은 형철이 서울에서 살 때, 처음으로 자기 집이 있었던 동네이다. 시골에서 올라온 엄마도 그 집에서 주무신 적이 있다. 엄마는 서울에서 누구의 도움이 없이 다른 동네로 이동하지 못했다고 했다. 그런데도 엄마가 그곳에서 발견되었다고 한다. 남매는 역촌동에서 결국 엄마를 찾지 못하고 허탕 친다.

소설은 총 5장인데, 각 장마다 시점의 주체는 다르다.

'1장. 아무도 모른다'와 '5장. 에필로그-장미 묵주'에선 지헌은 모두 2인칭

인 소망원에 매달 후원했으며, 가끔 그곳으로 가서 일해주는 봉사까지 했다는 사실도 드러난다. 3장에서 아버지가 엄마가 없는 시골 빈집을 지키고 있을 때 방문한 소망원 직원을 통해 알게 된다. 엄마는 이은규에게도 선행을 베풀었다. 그는 맨 처음 엄마가 들고 가는 무거운 밀가루 짐을 자신의 빈 자전거에 실어주어서 엄마 집에 갖다준다고 했지만, 자기 집으로 싣고 가버렸다. 엄마가 화가 나서 그의 집으로 달려갔는데, 맹인 노모에 아내는 병중이고 어린 자녀들이 굶고 있는 것을 목격하고는 측은한 마음에 식구의 며칠 분 양식인 밀가루를 포기하고 그 집 애들에게 수제비를 끓여주고 젖을 물려주었다. 이후 그 집 엄마가 사망한 후에도 그 집에 가서 내내 밥을 차려주며 보살펴주었다.

엄마의 이런 선행은 무분별해 보인다. (이런 평가는 각자 생각 기준에 따라 상대적이긴 하지만) 자신의 이익을 챙기기보다는 공연한 자기만족이 깃든 행위이며, 분수에 맞지 않아 보이기 때문이다. 내용으로 보면 몇 년간 45만원이나 후원할 만큼 부자로 보이지는 않는다. 엄마가 자신을 돌아보며 자신만의 인생을 가꾸는 행위가 거의 보이지 않으며 오직 헌신적으로 가사 노동만 하는 인생으로 그려졌다. 그 결과 엄마는 때로는 두통, 뇌졸중, 초기 유방암 등을 앓았지만 일부러 내색하지 않았다. 딸들이 병원에 모시고 가며 약을 챙겨주기는 했어도, 엄마는 그래도 오직 일하면서 지냈다. 자녀들이 자신들의 성장 시절부터 거슬러 올라가며 각자 이런저런 추억담을 회고하고 나면, 결국 남는 것은 엄마의 신산辛酸했던 삶이다.

소설에서 엄마의 이런 삶을 다른 인물의 관점에서 나타냈든 엄마 자신이 스스로 고백해서 드러냈든 엄마는 나름 행복해하며 보람을 느끼는 자세를 일관적으로 보여주고 있다. 엄마는 문맹자로서 생활력, 교육열, 모성애 등이 남달리 강했다. 작가인 지헌의 책을 남의 힘을 빌려서라도 읽곤 했다. 지헌과 함께 장에 가서 강아지를 팔아서 그 돈으로 딸이 원하는 책을 사준 적이 있다. 형철이가 동사무소에 근무했을 때, 고교 졸업증명서와 함께 야간대학 입학원서 내는 일이 그날 당장 급했던 날이 있었다. 엄마는 그날로 기차를 타고 졸업증명서를 갖고 왔다. 그날 숙소인 숙직실에서 같이 주무시고는 아들의 일터인 동사무소를 아침 일찍 마포 걸레질을 했다. 그 정도로 늘 덕이 많았다.

엄마를 추억하는 가족들은 한결같이 엄마에 대해 그리움, 애정, 존경심 그리고 엄마에게 타박을 주며 잘해드리지 못했던 자책감을 지닌다. 자책감은 아버지가 특히 심하다. 아내가 실종된 후 잠시 형철의 집에서 지내다가 시골의 빈집에 내려와서 아내와 과거에 있었던 평화롭고 복된 일만 회상한다. 그런데 그 아버지는 자녀들이 학교에 다녔던 시절에 잠시 외도했었다. 엄마는 그때 가출하고, 자녀들은 새엄마가 싸준 도시락을 내내 갖고 가지 않으며 반항했었다. 엄마는 그 사실을 전해 듣고는 자녀들에게 나타나 비록 새엄마가 해 준 밥이라도 꼭 먹고 다니라며 마구 회초리질했다. 엄마는 자녀들의 요구대로 결국 집으로 돌아오고, 이후 아버지 역시 대략 10개월 지속된 외도를 끝냈다.

아버지는 평소에 남편으로서 자상하게 대하지 못했던 일을 후회한다. 그는 젊었을 때 자주 집을 떠난 적이 있었음을 떠올리며 아내도 집을 떠날 수 있다는 것을 감히 생각지 못했다는 무심함에 눈물을 글썽인다. 아주 오래전 시동생 균이 실수로 농약 먹고 죽었을 때 엄마가 괜한 누명을 써서 잠시 경찰서를 들락거렸을 때도 아내의 말을 들어주며 남편으로서 힘을 써주지 못했던 일도 자책한다.

4장에서 엄마는 이미 고인이 된 것을 암시하고 있다. 독자는 알지만, 작중 인물들은 알아차리지 못한다. 고인이 된 엄마는 엄마로서의 고생스러웠던 삶에서 해방된 것이지만, 실지로 엄마는 스스로 과거 삶을 회고하면서 관조하고 있다.

5장에서 지헌은 약혼자와 함께 이탈리아에 가서도 서양인 관광객들 틈에 잃어버린 엄마가 있을 것 같다는 환각에 사로잡혀 눈길을 돌리며 실종된 엄마를 습관적으로 애타게 찾는다. 그녀는 평소 엄마의 부탁대로 장미 묵주를 사 들고 피에타 상 앞에서 "엄마를, 엄마를 부탁해……"(282쪽) 하며 나직하게 독백하는 것으로 소설은 끝난다.

그녀는 이탈리아에 오기 전, 여동생의 편지를 읽는다. "아무도 기억해주지 않는 엄마의 일생을 사랑한다고, 존경한다고. 언니, 언니는 엄마를 포기하지 말아줘. 엄마를 찾아줘."(262쪽)라는 애처로운 당부가 연민을 자아낸다. 그 이전에는 시골 빈집에 계신 아버지와 통화를 하고 나서 아버지로부터 엄마를 부탁한다는 눈물겨운 당부를 이미 들었다. 또 그 이전에 엄마는 성당 피에타 상 앞에서 당신을 비관 속에서 끌어내 달라고 불쌍히 여겨달라고 기도한 적이 있었다고 고백한다. 그러면서 엄마는 죽은 아들을 안고 있는 성모님께 더 이상 무언가 바란다는 것이 안쓰럽게 느껴졌다. 엄마는 신자답게 성모님을 공경하면서도 엄마 자신을 세상 모든 고통을 감당하는 성모님과 동일시하고 있다. 이런 모습이 숭고한 모성애이며 강인한 정신이다. 엄마가 피에타 상 앞에서 기도하는 것과 지헌이 이탈리아의 피에타 상에서 기도하는 것은 같은 맥락으로 볼 수 있다. '부탁해…'라는 말은 표면적으로 해석한다면, 누구나 나약한 인간으로서 그 누군가를 위해 기도한다는 것을 함축한다. "엄마를 부탁해." 지헌의 이 외침은, 어머니로서 세상 그 어떤 고난을 짊어졌던 성모님께, 지상에 존재하지 않는 자신의 엄마를 기억해 달라는 것이다.

3. 소설 이야기에 담긴 체험적 진실

소설은 엄마를 잃어버린 현재 시점에서 바라보는 엄마의 모습과 그 정서를 담은 내용, 그리고 엄마의 과거 삶을 회상하는 내용이 교차하고 있다. 이런 점에서 소설적 기법이 보이지만, 전반적 내용으론 다분히 보편성을 지닌 교훈성을 담고 있기에 수필적 기법으로 읽어도 무방하다. 엄마는 온 식구들을 위해서 해 뜨면 오직 가사노동에만 몰두하고 몸이 아파도 자식들에게 걱정을 줄까 봐 감히 털어놓지 못하는, 고마우면서도 가련한 존재임을 전달하는 의도에서도 교훈성을 느낄 수 있다. 이 부분에서는 특별한 비유, 상징이 거의 없이 직설적으로 설명하고 있다.

> 오랜만에 만난 가족들이 아버지와 밥상 앞에 둘러앉아 대통령선거 얘기를 나눌 때도 엄마는 음식을 만들어 내오고 접시를 닦고 행주를 빨아 널었다. 엄마는 대문과 지붕과 마루를 고치는 일까지도 도맡아 했다. 엄마가 끊임없이 되풀이해내야 했던 일들을 거들어주기는커녕 너조차도 관습으로 받아들이며 아예 엄마 몫으로 돌려놓고도 당연하게 여기고 있었다는 것을. 때로 오빠의 말처럼 엄마의 삶을 실망스러운 것으로 간주하기까지 했다는 것을. 인생에 단 한 번도 좋은 상황에 놓인 적이 없던 엄마가 너에게 언제나 최상의 것을 주려고 그리 노력했는데도. 외로울 때 등을 토닥여준 사람 또한 엄마였는데도.(273~274쪽)

어떤 천재지변이 일어난 상황에서도 가족을 보살피는 엄마의 지위는 변함이 없다는 것을 지헌이 깨닫는 장면이다. 이 부분 역시 다분히 설명적이다.

소설 내용의 전반적 흐름을 본다면 뚜렷한 갈등 구조, 기승전결 구성이나 사건의 해결점(실종된 엄마와 해후 또는 엄마의 자유나 해방 등)은 보이지 않고, 인물들의 자연스러운 회상으로 내용이 전개되고 있다. 이런 점에서 수필적 구성과 내용을 발견할 수 있다. 그 외, 독자에게 주의를 환기하는 핵심적 서사 내용을 마치 시의 연聯처럼 짤막한 작은 문단으로 처리한 부분들이 많다.

1장에서 엄마는 이야기꾼이라고 지헌은 말한다. 소설에서 엄마의 고단했던 일생을 설명하고 그 세세한 에피소드를 들려주는 주체는 엄마 자신이다. 시골에서 제사를 지낼 때 친척들이 부조하느라 바가지에 쌀을 담아서 가지고 오면 엄마는 조상이 새가 되어서 날아와 그 쌀을 먹고간 흔적을 보았다고 한다. 이런 부류의 흥미를 자극하는 화소話素들이 소설 곳곳에 나오기에 수필적 취향을 드러낸 것이라 할 수 있다. 마치 '수필식 소설'처럼 읽는 재미를 들려주는 내용이라 할 수 있다.

> 새집을 짓기 전에 엄마는 추석 무렵이면 볕 좋은 하루를 잡아 집안의 문짝이란 문짝은 죄다 떼어냈다. 문짝들을 물로 싹싹 씻어내고 햇볕에 말린 뒤 풀을 쑤어 새 문종이를 발랐다. 문이 많은 집이어서 떼어낸 문짝들이 담장에 쭉 기대진 채 마르는 걸 보면 아, 추석이 오는구나, 여겼다.
> 그는 흠흠, 괜한 목청을 가다듬었다.
> 집안에 남자들도 많았는데 왜 엄마가 문종이를 바를 때 도와주는 사람이 없었을까. 여동생도 묽은 풀이 든 양동이에 손가락을 집어넣어 휘휘 저으며 장난질이나 쳤던 것 같다. (중략)
> 새 문종이를 바르는 일을 혼자 도맡아해내는 와중에 엄마의 낭만이 발동하는 순간이 있었다. 어느 순간 풀비를 든 엄마가 풀을 저으며 놀고 있는 여동생이나 뭐 도와줄 거 없느냐고 묻는 그에게 단풍잎이나 따오라고 주문했다. 감나무, 자두나무, 쭝나무, 대추나무 등등 나무깨나 있는 집이었는데도 엄마는 그 집에는 없는 단풍나무 잎사귀를 주문했다. 엄마가 지목한 단풍잎을 따러 대문을 나서서 골목을 지나 도랑을 지나 신작로까지 나서서 고모 집에까지 간 적이 있었다. (중략) 그가 양손에 단풍잎을 가득 따다 갖다주면 엄마는 수많은 문짝의 문고리 바로 옆마다 반듯하고 예쁜 것 두 장을 마주보게 편 뒤 그 위에 창호지를 덧발랐다. (118~119쪽)

이 부분은 형철이 여동생 지헌과 시골에서 엄마와의 추억을 같이 떠올리며 회상하는 내용이다. 엄마의 삶을 회상하는 내용에서는 집안 살림을 했던 엄마 모습을 시골 생활 풍습과 연결을 지으면서 재미있게 전달하는 것에 초점을 두었다. 그 엄마의 일하는 모습이 담긴 이야기는 의식주에 관련된 것이라서 여성 취향의 정서에 힘입어 부드러운 목소리로 들려주고 있다.

이 마당에서 가장 좋았을 때는 여름밤에 화덕을 내놓고 찐빵을 찔 때였네. 형철이가 퇴비를 걷어다가 모깃불을 피워놓으면 아우들은 평상에 아무렇게나들 뻗대고 앉아서 화덕에 얹어놓은 솥에서 찐빵이 쪄지기를 기다렸재. 한솥을 쪄 채반에 내놓으면 이 손 저 손이 금세 하나씩 집어가 없어지곤 했재. 솥에서 찐빵이 쪄지는 시간보다 자식들이 먹는 속도가 빨랐구만. 또 한솥 쪄질 때까지 화덕에 불쏘시개를 넣고 평상에 서로 포개지듯 드러누워 있는 자식들을 바라보면 좀 무섭기도 했네. 어찌나 먹성들이 좋은지. 모깃불을 피워놓았어도 모기들은 끈덕지게 내 팔이며 허벅지에 침을 바르고 피를 빨아대고 밤이 깊도록 찐빵을 쪄내도 쪄내도 다 먹어버리고 자식들은 또 기다리고 있으니. 찐빵이 또 쪄지기를 기다리다 한놈 두놈 포개져 밥바구니에 담아 뚜껑을 덮어 평상에 두고 자면 새벽이슬이 내려 밥바구니 속 찐빵 껍질만 살짝 굳었재. 눈뜨자마자 찐빵이 든 밥바구니를 앞에 놓고 또 한바탕씩 먹어들 댔재. 그래서 내 자식들은 아직도 껍질이 살짝 굳은 차가운 찐빵을 좋아하재. 그런 여름밤이 있었네. 하늘에서 별이 쏟아지던 그런 여름밤이. 길을 떠도는 동안 아무것도 생각나지 않고 머릿속이 뿌연데도 나는 여기를 무척 그리워하곤 했재. 여기, 이 집의 마당이며 마루 밑이며 꽃밭이며 우물 따위가 얼마나 그리웠는지 몰라. 헤매다가 길가에 주저앉아서 생각나는 대로 흙바닥에 그림을 그려보던 곳이 이 집이었네. 대문을 그렸다오, 꽃밭을 그렸다오, 장 항아리를 그렸다오, 마루를 그렸다오, 아무것도 생각이 안 나는데 이 집이, 이 집 이전의 집이, 이 지상에서 사라진 지 오래된 그 집이, 재래식 부엌과 머위잎이 자라던 뒤란과 돼지막 옆의 헛간이 있던 그 집만이 선명히 떠올랐네. 페인트칠이 벗겨진 채 두 짝으로 된 그 파란 양철대문, 왼쪽엔 샛문이 달려 있고 오른쪽엔 우편함이 달린 그 집의 대문. (중략)

들에서 돌아오면 딸애가 마루 끝에 걸터앉아 있다가 엄마! 하고 내 품으로 푹, 뛰어

> 들었재. 둘째놈이 가출을 했을 땐 아랫목에 밥을 묻어놓고 대문 두짝도 활짝 열어놓았네. 발끝에 차여 밥그릇이 넘어지면 다시 일으켜놓곤 했네.(240~241쪽)

인용은 중음신이 된 엄마가 살던 시골집을 둘러보며 자녀들을 키웠던 일을 회상하는 내용이다. 독자에게 강한 흡입력을 주는 시골 풍경 이야기이다. 서술에서 인상적인 내용을 압축 요약하기보다는 이야기 실타래를 풀 듯이 흥미있게 진행되고 있다. 등장인물, 시공간적 배경, 세세한 정서가 담긴 장면 등을 소설적 사건으로 만들어내며 스토리텔링을 이어갔는데, 수필의 한 대목과도 같은 느낌을 주고 있다. 중음신 엄마는 여전히 집을 둘러보면서 남편(형철 아버지)에게 집을 꽁꽁 얼게 두지 말라며 힘든 일은 며느리에게 맡기라는 등 살림살이에 대한 이런저런 조언을 독백처럼 내뱉는다. 이어서 "아, 봄날 새싹들처럼 정신없이 솟아나는 이 기억들을 어디서 멈춰야 할지를 모르겄네. 잊혀진 온갖 것들이 다 몰려오네. 부엌 살강에 엎어진 밥그릇이며 장꽝의 크고 작은 항아리들이며 다락방으로 올라가는 좁다란 나무 계단이며(하략)"(251쪽)라며 자기도취에 빠진다. 기억의 힘으로 소설의 이야기가 진행된다는 원리를 은연중 보여주고 있다. 엄마는 당신의 많은 사연을 들려준 후 "잘 있어요…… 난 이제 이 집에서 나갈라요."(253쪽)라며 마음을 정리한다. 이런 행위는 수필적 구성의 하나이다.

위대한 모성의 이미지는 전통 수필에서도 흔한 내용이었다. 소설이나 수필에서든 어머니와의 일을 소재로 이야기를 풀어가면서 어머니를 애정으로 바라보는 숭고한 정신이 일관적으로 나온다면 참신성이 부족하다고 볼 수 있다. 어머니에 대한 찬양 일변도의 이야기는 독자로선 너무나 익숙한 주제이기 때문이다. 낯설게 하기 기법을 통해 보편적 어머니상을 색다르게 구성하면서 표현할 수 있다.

소설 제목에 '수필'을 붙인 것으로는 이문구의 장편 『관촌수필冠村隨筆』(1977~1978)이 있다. 작가가 스스로 밝히길, 소설이라고 하기에는 농촌의 추억담을 담은 수필적인 내용이 많아서 겸손한 의도에서 제목을 이렇게 붙였다고 했다. 수필이 소설 내용으로 활용될 수 있다는 것을 보여준 사례이다. 수필은 문학의 바다라는 말처럼, 수필은 모든 문학 장르를 포함하기도 한다. 수필과 소설은 같은 산문으로서 아득히 잊힌 추억을 불러일으키며 문학 본래의 사명대로 각자 삶을 돌아보고 대상에 대한 통찰력을 발휘하며 세계를 인식하게 하는 지적 기능이 있으며 때로는 교훈성을 전달한다. 수필은 수필가 자신만의 고유한 정서와 인식, 통찰력이 담겨 있고 진솔한 체험으로 감동을 주는 문학작품이라서 나름대로 공감도가 있다. 그러다 보니 소설의 소재는 문학적 공감을 안겨준 개인의 특별한 체험담이 담긴 수필에 대해서도 개방적이다. 소설이 아무리 허구성이 있어도 결국 인간의 현실을 토대로 한 이야기이기 때문이다.

『엄마를 부탁해』에서는 수필다운 이야깃거리가 소설적 구성에 힘입어 내용 전개의 초점이 되어서 많은 사건을 이루고 있지만, 여전히 수필 취향의 서술과 수필적 구성에 머물고 있다.

1) 다음 자료에서 표절의 근거를 거론했다.

① 네이버 뉴스(2015, 6.25), 「국제신문」 외 언론자료(2015. 7.2)

② 신기용, 『출처의 윤리』, 세창미디어, 2015.

③ 임종욱, 〈엄마를 잃고 소설을 얻었나〉, 「월간문학」 2015.9월호

④ 신기용, 〈오길순의 수필이 베스트셀러를 출산한 이유〉, 「수필시대」 2017.3월호

오길순 수필가는 2015년 7월에 『목동은 그 후 어찌 살았을까』 3쇄 발행본 서문에서도 "〈사모곡〉 없이 《엄마를 부탁해》는 탄생할 수 없었다고도 말합니다. 수필 〈사모곡〉이 소설 《엄마를 부탁해》의 씨앗이 되고 줄기가 되고 모태가 되었다"라며 밝혔다.

착각의 시학 시끌리오 제18호
키보드에서 단내 나다

초판인쇄 2023년 11월 6일
초판발행 2023년 11월 20일

엮은이_ 한국착각의시학작가회
발행인_ 이현자
발행처_ 도서출판 현자
기획 편집_ 이늦닢 장수현 권아올 이현자
E-mail_haje37@naver.com

등 록_ 제 2-1884호 (1994.12. 26)
주 소_ 서울시 중구 수표로 50-1(을지로3가, 4층)
전 화_ (02) 2278-4239
팩 스_ (02) 2278-4286
E-mail_001hyunja@hanmail.net

값 25,000원

ISBN 978-89-94820-90-3 03810